INVENTAIRE VAGABOND
DU BONHEUR

« Espaces libres »

JACQUELINE KELEN

INVENTAIRE VAGABOND DU BONHEUR

Albin Michel

Albin Michel
▪ *Spiritualités* ▪

Collection « Espaces libres »
dirigée par Jean Mouttapa et Marc de Smedt

« Les êtres heureux sont graves. Ils portent en eux attentivement leur cœur, comme un verre plein, que le moindre mouvement peut faire déborder ou briser. »

J. Barbey d'Aurevilly

Prologue

Le bonheur est furtif et inépuisable. Les hommes poursuivent le rêve insensé d'une plénitude qui serait constante et durable et ils oublient très vite les instants lumineux et doux de leur vie. Beaucoup, se contentant de stéréotypes, d'images publicitaires, continuent de croire que le bonheur est le même pour tous alors qu'il émane d'une soif singulière.

Parmi ces clichés, et au risque de déplaire, je citerai volontiers : le couple et la famille, le travail et la retraite, les vacances, le dimanche et les fêtes obligées, le bon vieux temps et les lendemains qui chantent, l'argent, l'automobile et tous les biens de consommation, la politique, le changement (que presque tous les citoyens réclament mais dont personne ne veut), la sécurité, les loisirs, les mirifiques progrès de la science, et même la santé. Ce dernier point permet précisément de comprendre que le bonheur ne répond à aucune cause, ne se soumet à aucun déterminisme, qu'il est une création personnelle, une faculté de résonance, une sensibilité particulière. Ainsi, tel individu affligé d'un handicap ou d'une maladie grave peut être infiniment plus heureux que tel autre en parfaite santé. Je me souviens encore d'un séjour à l'hôpital où les présences amies et les rires débordèrent ma douleur, où je ressentis une joie réelle, moi qui avais failli mourir à quelques heures près.

Il y eut par la suite d'autres passages pénibles qui semblaient réfractaires à tout éclair de gaieté, mais une petite voix en moi murmurait : tu en souriras un jour… Car le bonheur est fait aussi d'oubli et d'allégement. De lui Madame du Deffand disait joliment qu'il est « la frêle part conquise sur le malheur du monde ». Au vrai, le bonheur peut advenir lorsqu'on choisit de renoncer à sa souffrance, à sa chère souffrance – et c'est le renoncement le plus exigeant, le seul qui compte finalement. Elle devrait résonner profondément en notre cœur, la phrase du roi imaginé par Wolfram von Eschenbach : « Et comment pourrai-je être le maître d'un peuple si je l'attriste de ma tristesse ? » Courage, mieux : seigneurie du bonheur.

De fait, nos têtes de modernes Occidentaux sont tellement remplies d'idées reçues – où le bonheur se résume à demeurer jeune, beau, riche, en pleine santé, et à plaire – que celui qui ne possède pas ces caractéristiques est vite considéré comme victime, comme maléficié, et dès lors en droit de se plaindre ou de revendiquer. Plus on est obsédé par ce faux bonheur et moins on devient capable de goûter les petits plaisirs de la vie.

Il y a dans une journée toutes sortes de moments délicieux qui peuvent passer inaperçus : suivre la lumière sur le mur, écouter tomber la pluie, se glisser dans des draps tout propres, tremper une tartine dans un bol de café, dégrafer sa ceinture, regarder par la fenêtre, ouvrir un livre, respirer, penser à ceux que l'on aime, se frictionner avec de l'eau de Cologne, manger une pomme... Ces bonheurs paraissent infimes, ils constituent pourtant dans leur fraîcheur, dans leur simplicité, des instants incroyablement vivants.

Il demeure chez les intellectuels et chez les esprits religieux une suspicion tenace concernant le bonheur : cet état ne serait pas sérieux, ou serait un état bête. « Le bonheur m'ennuie », écrivait déjà, avec la plume de Rousseau, Julie à Saint-Preux pour ne pas paraître futile. D'autres dédaigneux le confondent avec l'égoïsme, l'ignorance, la superficialité, l'indifférence aux malheurs sans nombre de l'humanité. On le dit confortable, facile, bourgeois. Comme si une désolation permanente était le signe d'une grande âme ou d'un cœur généreux. Comme si un philosophe ne pouvait proférer une parole profonde qu'en se tordant de douleur. Comme si un homme politique ne paraissait crédible qu'en arborant une tête sinistre.

Or le goût du bonheur se révèle subversif, libérateur, puisqu'il éveille et alimente le désir et qu'il ouvre à la joie. Comme rien ne garantit une vie heureuse et que rien ne l'empêche fondamentalement, il dépend de chacun, selon sa manière propre, d'être attentif aux bienfaits qu'elle procure et d'extraire, tel un orpailleur, le plus précieux du jour ou bien de transmuter, tel un alchimiste, une épreuve en richesse, une passion en gloire. C'est ce goût, plus que le bonheur lui-même, qui rend follement libre, souverain, et mène jusqu'à une joie que nul ne peut ravir.

A

Amitié

Elle fait moins de fracas que les relations amoureuses et cause moins de dommages que la passion. Sa qualité première s'avère la constance : l'ami répond toujours présent. De l'amitié on pourrait dire que c'est un amour qui dure, mais surtout un amour qui soutient.

En dépit des chagrins et des férocités engendrés par le sentiment amoureux et malgré l'échec de nombreux couples, l'amitié continue d'être perçue comme moins intéressante, presque une parente pauvre ou un lot de consolation. Certes, elle est moins excitante que l'amour et ne chamboule ni la tête ni les sens, mais elle est l'apanage de la maturité, de toute personne attentive à l'autre : elle signe la fin – ou du moins l'effacement – de l'égocentrisme. C'est pourquoi elle apparaît rare, d'autant plus que c'est une relation aussi discrète que profonde.

Le sens de l'amitié consiste à aimer l'autre pour lui-même, sans vouloir le changer ni le posséder. Ce lien d'affinité entre deux individus repose sur un partage à égalité et le respect de chacun : il n'y a ni pouvoir ni servitude et nulle recherche de fusion. L'amitié ne conduit pas à vivre ensemble, elle se garde de toute promiscuité et de toute intrusion, tandis que les amoureux ne rêvent que de se rapprocher, de ne plus se quitter jusqu'à se confondre. L'amitié ne délivre pas de la solitude mais elle l'enrichit. Par l'estime qu'elle accorde à autrui, par son goût de la liberté individuelle et son indéfectible attention, elle enseigne l'amour véritable. Vouloir le bien de l'autre est un sentiment peu ordinaire, mais c'est le cœur de l'amitié. De plus, cette relation exquise accepte que le bonheur d'autrui passe par quelqu'un d'autre que soi ; autant dire qu'elle est dénuée de tout désir d'accaparement, qu'elle est une alliance sans aliénation.

Il est divers degrés dans l'amitié : celui de l'utilité et des services rendus, celui de l'agrément et des plaisirs partagés, celui de la bienveillance totale et désintéressée envers l'autre, celui d'un chemin de vertu et d'élévation. Mais jamais n'y ont place la rivalité et l'envie. L'amitié repose sur la confiance et la rectitude et elle suppose une qualité de relation entre deux êtres qui n'existe pas forcément dans le lien amoureux : elle requiert admiration ou estime, sens de l'égalité, absence de rapport de forces. L'ami n'est jamais objet de mépris ni d'humiliation. C'est donc une relation qui célèbre la dignité de l'individu et sa capacité à se perfectionner.

L'amitié est éminemment réconfortante parce qu'elle implique la réciprocité : chacun est aimé de retour et cette tendresse dure toute la vie. Mais c'est aussi une vigilance, autant dire un amour exigeant et clairvoyant, jamais une facilité ni une complaisance.

L'amitié représente la valeur essentielle de toute la philosophie antique et, dès l'Épopée de Gilgamesh, bien antérieure à la Bible et à l'*Iliade*, elle manifeste le lien puissant qui réunit pour la vie deux créatures en apparence dissemblables – un roi nommé Gilgamesh et un sauvage hirsute, Enkidu. Les sages de l'Égypte pharaonique insistent également sur le choix des amis et les bienfaits d'une telle relation. Ani donne ce conseil : « Deviens l'ami d'un homme droit et sincère. [...] Sa rectitude répondra à la tienne. » De même, en Grèce ancienne, Pythagore recommande : « Choisis pour ami l'ami de la vertu. »

On comprend pourquoi l'amitié figure sur terre le modèle de l'amour idéal ou divin, pourquoi les philosophes grecs des différentes écoles, les mystiques et les auteurs spirituels en ont chanté les délices en même temps que les qualités. Non pas parce que les plaisirs charnels et les sentiments ambigus en sont exclus mais parce que, à l'image de l'amour platonicien, l'amitié apparaît comme ce qui est le plus éloigné de l'égocentrisme et de la bassesse, ce qui se rapproche le plus de la perfection. Pour Aristote, Platon, Épictète, Diogène, pour le Romain Cicéron, l'amitié est à la fois une chaleur, par l'affection solide et tendre qu'elle prodigue, et une lumière, car elle se situe sur le plan de l'intelligence et de l'esprit. C'est une vertu morale et civique qui induit la justice ; c'est aller de compagnie vers le meilleur de soi-même et vers le Bien. Aimer d'amitié demande une véritable ascèse spirituelle qui conduit à s'intéresser à l'autre plus qu'à sa personne et à ses propres difficultés. Ainsi parle Maître Eckhart dans un de ses sermons : « Si j'aimais vraiment quelqu'un autant que moi-même, tout ce qui lui adviendrait pour sa joie ou pour sa peine, que ce soit vie ou mort, je l'aimerais autant que si cela m'arrivait à moi, et ce serait là la véritable amitié. » Pour la jeune et exigeante philosophe qu'est Simone Weil, l'amitié est respect de l'altérité, apprentissage de l'amour oblatif, elle ressemble fort à un sacrement. En 1942, âgée de trente-trois ans, elle écrit : « L'amitié est le miracle par lequel un être humain accepte de regarder à distance et sans s'approcher l'être même qui lui est nécessaire comme une nourriture [...]. Par cette vertu surnaturelle du respect de l'autonomie humaine, l'amitié est très semblable aux formes pures de la compassion. »

Pour la plupart des quêteurs de sens et de sagesse, l'amitié est une joie en même temps qu'une voie de perfectionnement. La béguine allemande Mechthilde de Magdebourg, dont la longue vie passionnée couvre presque tout le XIIIe siècle, a cette jolie phrase : « J'aime mes amis terrestres en tant que compagnons vers l'éternité. » Avant elle, saint Augustin avait affirmé que la seule amitié humaine non sujette à l'affliction consiste à « aimer son ami en Dieu » car elle est préservée de la mort. Mais pour certains philosophes moins préoccupés de vie éternelle que de bonheur terrestre, tel Épicure, l'amitié vaut pour elle-même : elle n'est plus un moyen de parvenir au bien, à la justice, elle est une fin en soi et la plus éclatante manifestation de l'activité philosophique où l'affection va de pair avec la recherche et l'étude. Épicure déclare : « De tous les biens que la sagesse nous procure pour le bonheur de toute notre vie, celui de l'amitié est de beaucoup le plus grand. » Et il insiste : « L'homme bien né s'adonne principalement à la sagesse et à l'amitié : de celles-ci l'une est un bien mortel, l'autre est un bien immortel. » Cette affirmation est extraordinaire puisque c'est l'amitié qui représente le « bien immortel » en procurant une joie analogue à celle que savourent les dieux bienheureux. Union des cœurs et des intelligences, partage de l'essentiel, l'amitié est dès ici-bas un salut et une félicité auxquels rien ne manque...

Ce sont les femmes, parmi les plus cultivées et les plus éprises de liberté, qui, en pratiquant l'amitié, ont fait évoluer ce sentiment, plus exactement ont fait sortir l'amitié du domaine philosophique et moral où elle respirait, entre hommes et héros, pour l'amener doucement, tendrement, vers la sphère de l'intime et de l'intériorité. Cette vertu virile que se réservaient les nobles citoyens et les dignes penseurs du monde antique s'est transformée en affection, en expression des sentiments, en gestes câlins et protecteurs, en confidences. L'amitié demeure une élection aussi inexplicable que le coup de foudre, un choix d'âme à âme jamais contraint ni lassé.

Avec mes amis je parle de tout, de choses légères et profondes, et je ris très souvent. Nous pouvons partager un repas, un film, faire un voyage ensemble. Nous échafaudons des projets, des rêves, avec la certitude que nous nous verrons toujours, que nous ne nous perdrons jamais. Chacun va son chemin, respire à son rythme et vit selon son goût, mais il demeure entre nous ce lien irréversible, inattaquable, qui s'appelle amitié et qui est le visage le plus subtil de l'amour.

Amour

En 1288, un moine franciscain originaire de Béziers entreprit de disserter sur l'amour dont il se disait serviteur et fin connaisseur. Il se mit à l'ouvrage et, penché sur l'écritoire, il déroula d'une plume savante pas moins de trente-quatre mille vers.

Après quoi, il pensa avoir fait le tour de la question et s'éteignit en paix, vers 1322. À cette somme d'allure poétique Matfre Ermengau, car tel est son nom, donna le titre de *Breviari d'Amor*, en français *Bréviaire d'Amour*.

Cela nous porte à réfléchir plus qu'à sourire. En effet, la plupart des gens réduisent l'amour à un sentiment, tendre ou déchirant, à une relation entre les êtres. Mais pour les hommes et les femmes du Moyen Âge, moines et troubadours, abbesses et châtelaines, l'Amour est source de tout et principe premier : tout en ce monde participe de l'Amour et tout le manifeste. Aussi mérite-t-il bien une majuscule qui convient à son immensité.

Heureux temps, temps d'unité, où la grammaire, la géographie, l'étude des astres, des animaux et des pierres précieuses s'avouaient connaissances d'amour ! Le savoir et le sentir allaient d'un même pas joyeux, la science ne s'était pas encore arraché le cœur pour devenir crédible, pour se dire vérité…

À la fin de son encyclopédie, Matfre Ermengau aborde le thème des relations amoureuses et charnelles et il intitule cette dernière partie « *Perilhos Tractas d'Amor* », c'est-à-dire « Traité périlleux d'Amour ». Le sujet se révèle dangereux : pour la tranquillité du moine, pour la moralité et la bonne conduite des lecteurs, mais surtout en soi parce que l'amour est un risque et une folle aventure. L'avions-nous oublié ?

Troubadours et chevaliers avaient ouvert la voie. Ils avaient mis en péril leur vie, leur honneur, leurs biens afin de recueillir un regard, ensuite un baiser de la dame désirée. Ils savaient que l'amour requiert tout d'abord hardiesse, vaillance et valeur, et ils ont couru tous les risques pour en devenir dignes ; ils ont réalisé des exploits et des extravagances à offrir à l'élue de leur cœur.

Je pense ici à Dangereuse, la Dame de Châtellerault dont Guillaume IX d'Aquitaine, le premier troubadour, s'était violemment épris et pour laquelle il avait bravé les convenances et subi avec dédain l'excommunication papale. Ce surnom était bien choisi et convenait au panache d'un prince guerrier. Les hautes dames sont pour les grands seigneurs : ce n'est pas une question de rang social mais de ferveur. « Périlleux » et « Dangereuse » sont en vérité les seuls noms que peuvent porter de nobles amants. Et cela n'équivaut nullement à un amour douloureux.

Au contraire, c'est parce qu'on veut déposséder l'amour de ses folies, de ses abîmes, de ses ailes, parce que de lui on attend, on exige qu'il nous protège, qu'il nous rassure et qu'il demeure toujours avec nous, que nous nous sentons tristes, malheureux ou pris de lassitude.

L'amour rend joyeux, libre et puissant. Il donne envie de chanter, de créer, il efface toute ténèbre et repousse toute limitation. S'il n'est pas ressenti comme une source infinie de joie et de bénédiction, c'est que la créature ne sait pas aimer, qu'elle erre dans la prison de l'ignorance et de l'avidité. La béguine Hadewijch d'Anvers résume en deux vers admirables notre condition inquiète :

Aimer ne m'est que nuit, sans aucune lumière,
Et l'Amour, ma lumière, se cache dans la nuit.

Anges

L'ange vous tombe dessus sans crier gare. Il peut vous demander gentiment l'hospitalité sous un visage d'emprunt ou vous emmener en voyage sous une fausse identité. La Genèse est formelle, comme Jacob en fit l'expérience : les anges se rencontrent « à l'improviste ».

Dans la vie de tous les jours, on reconnaît un ange à ce qu'il aime l'incognito, à son goût de la discrétion, voire de l'effacement. Il ne déroule jamais son curriculum vitae, ses diplômes ni ses prouesses, il a à peine de biographie et se désintéresse de l'événementiel. Mais il veille sur la neige, le vent, les taupinières, le duvet des peupliers, les étoiles, les enfants, le silence, bref sur tout ce qui est vivant.

Les anges n'ont aucune compétence dans les problèmes affectifs et financiers dont la plupart des mortels les accablent : ils sont faits pour le léger, c'est-à-dire l'essentiel. Certains se fracassent dans la nuit des humains et ils font en tombant un bruit de verre brisé. D'autres se laissent charmer par les beautés d'ici-bas et leurs ailes poissent et s'engluent irréversiblement.

Car ils ne sont pas invulnérables, les anges. À nous ils semblent volatils, presque transparents, mais eux savent bien qu'ils sont des aéroplanes du Divin, autrement dit : plus lourds que l'éther.

Les Grecs de l'Antiquité ont représenté Éros mais aussi Hypnos, Hermès, Iris, la Victoire, pourvus d'ailes. Et nous, empêtrés dans le biologique, nous nous obstinons à déchiffrer le sexe des anges alors que leur « angélicité » tient toute dans leur aile – fulgurance qui se déploie ou se replie.

Précisons toutefois que les anges ont imité les oiseaux, non l'inverse. Et n'oublions jamais qu'un aviateur n'est ni ange ni oiseau mais seulement un homme très faillible.

Arbre

« Saviez-vous que les arbres parlent ? Ils le font pourtant ! Ils se parlent entre eux et ils vous parleront si vous écoutez. L'ennui avec les Blancs, c'est qu'ils n'écoutent pas ! Ils n'ont jamais écouté les Indiens, aussi je suppose qu'ils n'écouteront pas les autres voix de la nature. Pourtant, les arbres m'ont beaucoup appris :

tantôt sur le temps, tantôt sur les animaux, tantôt sur le Grand Esprit. »

TATANGA MANI (1871-1967),
Indien Stoney, appelé encore
Walking Buffalo.

« Nous nous mettons en face d'un arbre, devant lui, et l'arbre se présente à nous. Qu'est-ce qui fait proprement la présentation, l'arbre ou nous ? Ou les deux ? Ou aucun des deux ? [...]

« Lorsque nous pensons à ce que c'est qu'un arbre qui se présente à nous, de sorte que nous pouvons nous placer dans le face-à-face avec lui, alors il s'agit enfin de ne pas laisser tomber cet arbre, mais tout d'abord de le laisser être debout, là où il est debout. Pour quelle raison disons-nous "enfin" ?

« Parce que la pensée jusqu'ici ne l'a encore jamais laissé être debout là où il est. »

MARTIN HEIDEGGER,
Qu'appelle-t-on penser ?

Attentes

Il est des attentes pénibles et crispées et d'autres que j'appellerai enchantées et qui sont de la présence pure. De celles-ci, certaines femmes – divines ou surréelles – détiennent le secret : Pénélope, la Dame à la licorne, la trop célèbre Joconde que le visiteur ne sait plus regarder.

On connaît le tableau de Carpaccio intitulé *L'Attente* et que l'on désigne souvent par *Les Courtisanes*. Les deux femmes, peu jolies ni apprêtées, paraissent avant tout résignées et lasses. En elles il n'est plus d'espoir, de rêverie ni de nostalgie, leur cœur battant est pris en glace. Tous les symboles de vie, d'amour et de fécondité qui les entourent – colombes, vase, fruits… – ont sombré dans le gris et le noir. C'est la désolation et la pesanteur. Les deux créatures restent rivées à la matière, tel le plomb non transmuté. On peut les dire, au sens alchimique, désœuvrées. Elles n'imaginent même pas un client hypothétique.

Or, loin d'être une prison et de désigner une incomplétude, l'attente telle que je la ressens est un déploiement de tous les sens, un rayonnement d'astre. C'est une façon de déchiffrer les signes du présent et de se tenir au cœur des choses. Il en est ainsi de la Dame à la licorne au centre de son île fleurie, feuillue et de grand vent, elle est à la fois très seule et entourée (mais non pas d'humains, trop lourdauds).

La haute attente que dénote l'attitude tranquille, non fiévreuse, de la Dame, c'est le point de vue transcendant, éternel, qu'elle pose sur le monde et sur les êtres. Non pas en les toisant, en les jugeant médiocres, mais au contraire en les approchant avec la vue de l'esprit, donc nécessairement exhaussés, transfigurés. Les bras souplement croisés de Monna Lisa dessinant une lemniscate, son infini sourire d'étrange veuve, les invisibles pieds de la Dame glissant sur le tapis aux mille fleurs de l'île, la jeunesse inattaquable de Pénélope qui demeure là-haut en ses appartements tandis que les prétendants ripaillent dans la salle commune, tout désigne en ces femmes « enveloppées de soleil » une attente non pas comblée ni close, mais une attente où se révèle la vie, où rayonne le mystère.

Rilke a souvent rendu visite, lors de ses séjours à Paris, à la Dame à la licorne et dans *Les Cahiers de Malte Laurids Brigge* il s'inspire de ces six tapisseries pour méditer sur la femme, sur l'amour, et sur la solitude des grandes amoureuses. Au sujet de la fête étrange que paraît célébrer la Dame gardée par deux animaux héraldiques il écrit : « Personne n'y est invité. L'attente n'y joue aucun rôle. Tout est là. Tout, pour toujours. » De fait, elle ne cherche rien, cette fine châtelaine, elle ne manque de rien : elle est. Et pourtant, l'inscription de la tente bleu d'azur clame le désir. On doit la trouver, mais elle n'attend personne en particulier. Même si personne ne la rejoint dans son île paradisiaque, même si l'on ignore son existence, elle continue d'être. Elle est l'apparition de l'invisible devenu visible.

J'aime l'attente parce que rien n'est acquis, tout est ouvert. C'est une annonciation, une folle promesse, un désir qui dure. « Indépendamment de ce qui arrive, n'arrive pas, c'est l'attente qui est magnifique », écrit André Breton. L'avènement a infiniment plus d'importance que tout événement.

J'ai souvent médité sur l'attente de Pénélope qui n'a rien d'une dépendance mais qui est une vigilance secrète, un non-oubli. Le défi que relève cette reine dans le silence de son cœur consiste en une attestation de vie : tant que j'attends Ulysse, tant qu'il demeure dans mon désir au lieu de verser au nombre des souvenirs, il respire et il persiste en son voyage de retour. La mort ne peut se saisir de lui qu'à l'instant où mon attente se relâchera, où mon désir se taira.

C'est pourquoi Pénélope ne parviendra jamais au bout de l'ouvrage qu'elle tisse pendant le jour : il s'agit d'un linceul et elle, par son attente insensée, maintient la vie et lutte contre toutes les formes de désespoir et de destruction.

La joie intérieure de Monna Lisa, la beauté élancée de la Dame à la licorne, la constance de Pénélope durant une absence de vingt ans : ces trois femmes nous disent que l'attente véritable est livrée à la grâce et qu'elle fait surgir l'inespéré.

B

Bain

Que l'on avance dans l'océan, dans une rivière, ou plus prosaïquement que l'on se glisse dans une baignoire, le bain est toujours un moment délicieux. On oublie sa pesanteur, ses contours mêmes, on se laisse flotter sans opposer de résistance.

Le véritable bain n'est pas asservi aux soins de toilette. Il ne vise pas d'abord la santé corporelle mais l'extase de l'âme. Aussi fut-il dès l'origine associé aux rituels de régénération et de renaissance, bien avant de faire partie des cures thermales et des gestes de l'hygiène.

On dit qu'on va se baigner, qu'on prend un bain – toutes désignations actives. En fait, le sujet se laisse porter, caresser, envelopper par l'onde. Il est éminemment réceptif. Il s'accorde à l'élément jusqu'à se fondre parfois comme un sucre dans un verre d'eau. Il paraît donc tout naturel que, s'ébattant dans un vaste bassin de marbre, Mélusine devienne femme-poisson. L'art du bain serait celui de la suprême harmonie.

L'eau gouverne les scènes d'intimité – avec soi, avec l'autre. À partager son bain, on acquiesce aux éclaboussements, aux plaisirs enfantins et aux jeux érotiques. Si on se baigne seul, on se réapproprie son être, on se joint à la source. Ainsi de Mélusine, la fée. Lorsqu'elle épousa Raymondin, le seigneur de Lusignan, elle scella un pacte avec lui : elle lui accorderait joie, descendance et prospérité, mais elle demandait d'avoir le samedi pour elle seule, sans que son époux cherchât à la voir ni à savoir ce qu'elle faisait. Raymondin accepta aisément et dans les premiers temps du mariage il ne s'offusqua pas de l'absence de sa femme : Mélusine lui portait chance et une journée d'éloignement renforçait le plaisir des retrouvailles. Puis le doute et la jalousie envahirent son esprit et il voulut surprendre le secret de son épouse.

Or Mélusine occupait ce jour à se baigner, seule, paisible, réconciliée. Dans cette vasque de marbre où l'eau ruisselait, tiède et parfumée, elle se sentait entière et parfaitement bien. Tout était donné en cet instant et cela n'était pas partageable. Même avec l'homme qu'elle aimait. C'est ce qui distingue l'intimité de l'intériorité.

Immergée, Mélusine est toute à soi. Mais demain, dimanche, elle sera toute à l'autre. Ainsi la solitude nourrit et lave l'amour, bien loin de lui faire obstacle. Mais l'entourage familial ne comprendra jamais, qui suspecte toute retraite et encourage la promiscuité.

Raymondin le parjure ira épier la belle en son bain. Mais il ne verra que buée et robe de sirène. Et il s'éloignera, inquiet, se sentant désormais davantage séparé de Mélusine par son regard inquisiteur que par son absence du samedi.

À l'époque où le récit légendaire fut mis par écrit en langue d'oïl, un troubadour gascon, Bernard de Panassac, dédiait à son élue ces vibrantes paroles :

Dame, vous êtes la source et l'océan de merci
où nuit et jour se veut baigner Amour…

Ici encore, le bain est loin d'une scène galante. C'est le lieu où le mystère affleure.

Baisers

Gérard de Nerval se souvient en rêvant : « Mon front est rouge encore du baiser de la reine… » Car les vrais baisers, loin d'être furtifs, s'attachent à nous pour toujours. Ils ont pu modeler et parer notre corps (au XIIIe siècle, une Continuation du *Perceval* décrit Blanchefleur « toute vêtue de baisers »), adoucir notre âme. Ils paraissent provenir des fées ou bien des anges. Oui, ils descendent du ciel.

Au chapitre des *Senteurs*, le sieur de Montaigne évoque les odeurs tenaces qui imprègnent gants et mouchoirs mais aussi ses moustaches. Il écrit : « Les étroits baisers de la jeunesse, savoureux, gloutons et gluants, s'y collaient autrefois, et s'y tenaient plusieurs heures après. » Montaigne a raison : les baisers amoureux demeurent la vraie relique de l'autre.

Il y a un monde entre faire la bise, appliquer deux ou trois baisers sur les joues, embrasser, envoyer des bisous, et donner un baiser. Ce dernier seul est grave.

On ne peut jamais reprendre un baiser que l'on a donné, alors qu'on oublie une poignée de main, une tape sur l'épaule, une parole, une promesse.

Ce mystère de l'amour dépasse l'humaine condition et, à suivre saint Bernard qui commenta passionnément le Cantique des Cantiques au long de ses sermons, le « baiser de la bouche » n'est autre que le Saint-Esprit. En voici la brillante démonstration : « Si nous avons raison de penser que le Père donne le baiser, que le Fils le reçoit, nous ne nous tromperons pas en disant que le baiser lui-même est le Saint-Esprit, c'est-à-dire celui qui est entre le Père et le Fils la paix inaltérable, solide, l'amour indivis, l'unité inséparable. » Dieu, que la religion est quelquefois jolie !

Barque

La barque est familière, intime, le vaisseau s'avance avec majesté. La nef traverse des pays de légende, des contrées impalpables, aussi ce terme fut-il choisi par les premiers bâtisseurs de cathédrales. Le navire s'ancre à plus de réalité (le commerce, la guerre) alors que le bateau semble bien ordinaire. Mais tous, lorsqu'ils ne dorment pas sur la rive, dans un port, tous tentent une voie audacieuse entre l'eau incertaine et le ciel changeant. Et ce chemin sans repères et sans traces peut donner une idée du bonheur humain.

Le premier pas est celui de la liberté, de l'inconnu : on s'embarque, on largue les amarres, on hisse les voiles, on lève l'ancre… Mais sur les eaux mouvantes on ne sait jamais d'avance si on sera bercé ou tourmenté et, dans un même voyage, il est fréquent de rencontrer la douceur et la violence tout ensemble. Comme dans l'existence. Mais le goût de l'imprévisible qui habite le véritable navigateur rend tout bouleversement délicieux. Monter à bord, pour le pilote du navire comme pour le passager, c'est quitter l'ordinaire, respirer un air nouveau, c'est partir ailleurs, audelà de soi. Embarquer, c'est aller à la rencontre de son immensité intérieure, de ses trésors enfouis. Cela ne va pas sans tremblement de l'être qui, incroyablement, se sent appelé, qui est certes attiré vers d'autres lieux mais d'abord par le voyage lui-même.

Car c'est la traversée qui compte, non le lieu d'arrivée. La véritable navigation, qu'elle se passe en barque ou en vaisseau, est sans raison, sans but, et le plus important de l'existence tient en cette traversée fragile et courageuse. L'image de la nef est ici souveraine, elle permet toutes les aventures (Jason et les Argonautes partant chercher la Toison d'or), tous les éblouissements (Tristan et Iseut s'enivrant d'amour en haute mer, sous un ciel de canicule), les magies et les extravagances (Lohengrin, la nef des fous). La blanche nef appelle tous ceux qui ne se sentent pas de ce monde, qui ont soif d'autre chose, elle les conduit non pas à une destination précise mais à un royaume secret, à une part féerique que la plupart des terriens ignorent, rivés à leurs certitudes.

J'aime les embarquements que peignit sans relâche, dans une lumière dorée, Claude Gellée dit le Lorrain. Les tableaux prennent prétexte d'Ulysse, de la reine de Saba, de sainte Paule, mais leur gravité lyrique concerne le destin de tout homme qui se sait souverain et se hâte vers cette magnificence. Invitation à prendre le large, autant dire à prendre la mesure incommensurable de la beauté, de l'amour, de la noblesse d'être un homme. Et c'est, plus qu'une frayeur, un honneur de s'embarquer vers le soleil, au gré des flots, parmi les vents, les tempêtes et dans le souffle de Dieu. La seule vie qui vaille se révèle hauturière. Albert Camus le savait, lui l'écrivain inquiet, l'homme bouleversé par la beauté du monde. En 1953, dans *Noces*, il confiait : « J'ai toujours eu l'impression de vivre en haute mer, menacé, au cœur d'un bonheur royal. »

Une des plus fortes images que je garde d'une croisière en Méditerranée est passée inaperçue de presque tous les passagers. Elle n'est pas liée à un paysage ni à un site visité mais à la traversée. C'est le soir, nous avons quitté depuis plusieurs heures les côtes de Libye et nous naviguons en direction d'Alexandrie. Il est bientôt minuit, je regagne le pont supérieur où se trouve ma cabine et là, je demeure en suspens, n'en croyant pas mes yeux : sur le pont, des dizaines de petits oiseaux sont posés, immobiles. Nous sommes en haute mer et ces oiseaux migrateurs à l'allure si fragile ont repéré le grand bateau pour se reposer un peu. M'avançant, je découvre d'autres oiseaux, alignés sur des fils ou sur le bastingage, s'apprêtant à passer la nuit.

Cela me parut un signe bénéfique en même temps qu'un rappel discret de notre condition humaine, si peu amarrée et vouée à l'envol. Je m'endormis heureuse, avec la vision d'une cargaison d'oiseaux, gracieux clandestins. Le lendemain, ils avaient disparu.

Pourquoi les amoureux apprécient-ils les promenades en barque ? Pourquoi les gondoles vénitiennes sont-elles indissociables de l'amour et des noces ?

Parce qu'en montant à bord d'une de ces embarcations l'individu a l'impression d'échapper au quotidien – non à la mort – et d'être enfin à la hauteur de ses rêves.

Beauté

« Tard je vous ai aimée, Beauté si ancienne et si nouvelle, tard je vous ai aimée. C'est que vous étiez au-dedans de moi, et, moi, j'étais en dehors de moi ! Et c'est là que je vous cherchais ; ma laideur se jetait sur tout ce que vous avez fait de beau. Vous étiez avec moi et je n'étais pas avec vous. »

SAINT AUGUSTIN,
Confessions

« Demandez à un crapaud ce que c'est que la beauté, le grand beau, le *to kalon :* il vous répondra que c'est sa crapaude, avec deux gros yeux ronds sortant de sa petite tête, une gueule large et plate, un ventre jaune, un dos brun... Consultez les philosophes, ils vous répondront par du galimatias. »

VOLTAIRE,
Dictionnaire philosophique

C

Champagne

La première fois que je partis dans le désert, au sud du Maroc, je ne retrouvai pas ma valise à l'aéroport de Ouarzazate et il me fallut bien, ainsi délestée, continuer le chemin dans les sables. Mais dans mon sac à main assez vaste se trouvaient mes papiers, une petite trousse de toilette et surtout deux demi-bouteilles de champagne. Bien sûr, je n'avais pas emporté celles-ci de France mais elles m'avaient été offertes, presque avec insistance, par le steward et je les avais acceptées de bon cœur.

Voilà comment je me retrouvai au milieu des dunes, sous une tente, certes dépouillée du nécessaire (vêtements de rechange, cahiers de notes…) mais riche du superflu. Cela convient bien à ma philosophie : concilier saint Antoine et Dom Pérignon.

Je raffole du champagne à condition qu'il soit d'excellente qualité, servi glacé dans une haute flûte à bord très mince, et qu'il soit partagé avec des êtres délicats et aimés, au moins un. Le champagne demeure le breuvage enchanté qui célèbre les éblouissements de l'amour, les joies tendres de l'amitié et de la famille, les victoires et succès divers. Il n'est jamais vulgaire même si son goût est parfois médiocre. Madame de Pompadour affirmait qu'il est « le seul vin qu'une femme puisse boire sans s'enlaidir ».

La veille de mon retour en France, le soir, j'ai vu un homme avancer sur le sable jusqu'à ma tente, portant ma valise enfin récupérée. Cet objet me parut comique, totalement incongru, et j'ai rapporté mon bagage intact sans même l'ouvrir. Mais avant de quitter ces lieux de silence et d'immensité, j'ai bu avec les quelques personnes qui m'accompagnaient le champagne rafraîchi par la nuit et qui leur parut surgi du désert comme une manne divine.

Chanter

Il y avait une fois en Inde un vieil homme qui, se sentant mourir, appela ses trois fils. À chacun il donna trente roupies, disant que son magasin, son seul bien, irait à celui qui saurait le remplir grâce à cette faible somme d'argent.

Le premier eut l'idée d'acheter de la paille qu'il entassa dans la boutique. Le père acquiesça. Le deuxième fils échangea contre ses trente roupies autant de coton blanc qu'il put et il en disposa sur tous les rayonnages. Le vieil homme trouva cela joli et astucieux. Quant au cadet, il rendit tout d'abord la modique somme à son père puis, se plantant bien au centre du magasin, il se mit à chanter de tout son cœur.

On le devine, c'est lui qui hérita du bien paternel. Avant d'être un agrément ou un art, le chant exprime l'entière liberté d'un individu qui ne dépend pas des circonstances extérieures. Le chant, je l'emporte toujours avec moi, il est un trésor imprenable. Jason le savait bien, lui qui fit embarquer sur la nef *Argo* des guerriers intrépides, des matelots vaillants, quelques héros célèbres mais également Orphée le musicien. Orphée chantait, et sa voix d'or encourageait les Argonautes, apaisait leur fatigue, mais jour après jour elle rappelait aussi à chacun que la liberté était l'air du voyage et sa finalité, qu'elle demeurait plus précieuse que toute autre conquête.

Chat

« Un gros chat était allongé devant l'âtre et souriait jusqu'aux oreilles.

– Voudriez-vous, je vous prie, me dire, demanda Alice assez timidement [...] pourquoi votre chat sourit comme il le fait ?

– C'est un chat du Cheshire, voilà pourquoi, répondit la duchesse. [...]

– J'ignorais que les chats du Cheshire sourissent continuellement. Je croyais les chats ennemis des ris et des souris. À vrai dire, même, je ne les savais pas capables de sourire.

– Ils en sont tous capables, dit la duchesse, et la plupart d'entre eux ne s'en privent pas. »

Elle a raison, la duchesse imaginée par Lewis Carroll, les chats ne se privent pas plus de sourire que de ronronner. Et ils ont de bons motifs pour cela, quoique ces signes de contentement demeurent énigmatiques : ils sont beaux, souples, intelligents et oisifs. Et ils ont réussi à persuader l'homme de les entretenir pour le seul avantage de leur présence indépendante, parfois dédaigneuse.

Le chat, que l'on croit domestiqué mais qui règne en maître chez lui, coule des jours heureux à dormir, à manger du bout des lèvres, à faire une interminable toilette et à jouer. Bouchons, noix, pelotes et bobines, oignons, crayons, bouquets séchés, bref tout ce qui roule, crisse et craque plaît à ses pattes habiles et veloutées. Mais il peut aussi s'attaquer aux plantes vertes, aux rideaux ou aux bras des fauteuils prévus tout exprès pour ses griffes, et vous n'aurez pas le cœur de gronder ni punir, car tel est son bon plaisir. Si vous proférez des menaces au lieu de rire, le chat peut se renfrogner et rester de longues heures à bouder.

Il se méfie des enfants qui se montrent bruyants et sournois dès qu'ils se mettent à marcher. Les délicieux bambins lui tirent les moustaches et la queue ou, pis, le considèrent comme un de leurs jouets, lui qui demeure un des rares êtres libres. Plus que tout, le chat apprécie la compagnie des écrivains, de ceux qui travaillent chez eux en silence parmi les livres et les papiers et qui répugnent aux mondanités. Entre solitaires ils se comprennent sans se parler. Et le doux félin, s'il ne s'empare pas de votre stylo ou ne froisse pas la page, adore s'installer, s'étaler même sur ce que vous êtes en train de rédiger en ahanant. Mais, là non plus, il ne faut pas s'écrier que sa présence est gênante : il veille sur votre inspiration et, la page une fois rédigée, il se fait le gardien des vocables. Comment ne pas le remercier de tant de sollicitude ? Mais aussi, s'il se tient si près de l'homme à la plume, c'est parce qu'il sait que la main qui écrit est déjà la main qui caresse. Ici encore, le chat a raison mais modestement il se tait et se contente de ronronner.

Le seul malcontent reste l'hypothétique chat de Schrödinger. Il faut dire que ce physicien avait l'esprit assez tordu (chez les scientifiques, on dit paradoxal) : en 1935 il imagina une expérience de physique quantique prenant pour objet un chat, ou plutôt l'idée d'un chat. Il la résume ainsi, dans une lettre adressée à Albert Einstein : « Prenez un chat, du cyanure, une particule radioactive, mettez le tout dans une boîte et attendez une heure ! » Dans une situation incertaine autant qu'inconfortable, entre être et ne pas être, le chat de Schrödinger ne rigole pas du tout et n'émet pas le moindre ronronnement. Mais c'est une exception.

Quiconque a vécu avec un chat doit avouer que cet être, qui a su garder sa majesté dans le commerce des hommes et conjugue superbement l'amour avec la liberté, lui a procuré les plus beaux moments de son existence. Mais il ne saura jamais si la réciproque est vraie.

Cochon

« Qui vivra, verrat », disaient ingénument les compagnons d'Ulysse en succombant aux charmes de Circé. Certes, peu après les amoureux ébats ils étaient transformés en cochons par la magicienne, mais sous leur pelage soyeux ils voyaient la vie en rose.

Il ne faut pas confondre le porc et le cochon. Le cochon est vivant tandis que le porc est un mort vivant. Le premier est signe d'abondance, de bonheur, de joie et de prospérité, il est joufflu, pansu, rose vif, qu'il soit fait de pain d'épice ou prenne la forme d'une tirelire. Il représente la gentillesse, l'affection, la bonhomie, la gourmandise aussi. Tout est bon dans le cochon, c'est-à-dire tout est bonté.

Plutarque le savait. Dans un court dialogue philosophique, il fait parler un certain Gryllos (Petit Cochon), un rescapé de la magicienne Circé. Ce compagnon a connu les deux états, celui d'humain puis celui d'animal, et il démontre à Ulysse avec brio qu'il préfère rester sous cette dernière peau plutôt que de redevenir un de ces hommes qui s'avèrent « les animaux les plus malheureux du monde ». Devant l'Achéen stupéfait, Gryllos énumère les qualités de courage, d'endurance, de sobriété et de mesure que possèdent les animaux, il vante l'amour simple qui les unit « sans ruse ni salaire », il insiste sur leur mépris des richesses et des superfluités. Et Petit Cochon, habile en ses propos, répète au héros de la guerre de Troie que les bêtes sont pourvues d'âme, de raison, de sensibilité et d'intelligence, et il donne force exemples qui clouent le bec à Ulysse. Oui, il existe une sagesse propre au cochon.

Gryllos a choisi la meilleure part, laissant Ulysse poursuivre sa route d'humain inquiet, toujours insatisfait.

Commencer

Commencer, c'est découvrir, se lever, s'étonner. C'est un défi en même temps qu'une confiance. Sentir que tout est possible, savoir que rien n'est assuré. On envoie au monde des signes d'amour sans rien attendre, mais avec le cœur battant. C'est le pas d'une fourmi et l'envol d'un faucon.

Tout commencement recèle fraîcheur et acuité et se révèle ouverture. Aussi convient-il de soigner le début d'un entretien, d'un livre, d'un récital. On parle de la « première impression » laissée par une personne : cette image initiale renseigne sur la qualité de sa présence, de son être. Un premier regard, une poignée de main, une salutation et même le « allô » prononcé au téléphone en disent long : ils accueillent l'autre ou l'évitent, ils le repoussent parfois.

Certains livres ont un début inoubliable et semblent tout entiers contenus dans la phrase inaugurale : « Au commencement », de la Genèse et de l'Évangile selon saint Jean, « Il était une fois », de tous les contes. Temps de l'éveil, de l'instant créateur. Les poètes médiévaux privilégient un climat de printemps, de sources, d'oiseaux, et ils font souffler une brise favorable pour que leurs mots prennent vie. « Ce fut au temps qu'arbres fleurissent... » : c'est le début du *Perceval* de Chrétien de Troyes et le départ du futur chevalier loin de la forêt désolée.

Il est remarquable que nombre de poèmes de troubadours s'ouvrent sous des auspices joyeux : « *Bèl m'es... Mout es bona... Tan m'abelis...* », il m'est bon, agréable, il me plaît de chanter.

Et la mystérieuse religieuse portugaise, abandonnée par son amant français, écrit les premiers mots de sa première lettre : « Considère, mon amour... » Quelle puissance souveraine, quelle indéfectible ardeur dans cette attaque martiale !

Au commencement ne s'oppose pas la fin mais la finitude, avec ce qu'elle suppose de dégradation, de disparition. On comprend que les mystiques évoquent un éternel matin, une aurore des cœurs, un orient sans déclin. Et l'on devine pourquoi Léonard de Vinci aimait le « *non finito* », lui si épris de perfection. Il avait découvert que le « non-fini », loin d'équivaloir à un inabouti, donne une idée de ce que peut être l'infini. Dans le même sens, Borges écrit que « l'idée de texte définitif ne relève que de la religion ou de la fatigue ». On conçoit alors que la juvénilité se tient dans l'incessante quête et rayonne dans une sorte de commencement absolu. Le « sans fin » ne saurait être clôturé ni par un peintre génial ni par un splendide écrivain. Ceux-ci demeurent sur la pointe des pieds, le geste de la main suspendu.

Aimer, c'est aussi se tenir dans le commencement, poser un regard neuf, voir pour la première fois. Pour qui sait aimer, l'autre n'est jamais acquis, il surgit toujours, bouleversant l'ordinaire. C'est ce qui distingue l'amour du plaisir qui, Don Juan le sait, requiert, lui, le changement.

Contemplation

Un Athénien demanda un jour à Anaxagore – cela se passait au temps de Périclès, vers le milieu du Ve siècle avant l'ère chrétienne – à quelle fin il avait été engendré, et l'homme de Clazomènes répondit : « Pour contempler le soleil, la lune et le ciel. » Noble et humble mission. Il disait dans le même sens : « Ce qui est visible ouvre nos regards sur l'invisible. »

Contempler, c'est entrer dans l'espace sacré que

désigne le mot latin *templum* ; ne plus mettre de séparation, ne plus se sentir à l'écart. C'est participer à la limpidité des choses, se simplifier, devenir un avec ce qu'on regarde. Il n'y a plus celui qui observe et l'objet regardé parce qu'en vérité il n'y a pas d'objet, au sens objectif et inerte du terme, mais une seule réalité vivante, un seul surgissement de claire conscience.

Au gré des cultures et selon ses affinités personnelles, l'homme contemplera la lune, les cerisiers en fleur, la neige, le soleil couchant, les nuages qui s'effilochent, la rose rouge, le ciel étoilé, la flamme d'une bougie, une image sacrée… Parce qu'il est tout cela. Et la fleur, le feu, les vagues, l'aurore, tout deviendra invitation à s'approcher infiniment, jusqu'à disparaître dans la transparence du moment.

Le préfixe « *cum* », que l'on retrouve dans compassion, dans communion, ne signifie pas que l'on est « avec » quelqu'un ou quelque chose, que l'on « partage » une expérience, mais il abolit la distance, il désigne un exact ajustement qui ne s'accomplit pas sans perte de soi.

Nos contemporains qui se croient généreux parlent tous d'« accompagner » l'autre – l'élève, le malade, le chômeur, le mourant –, ce qui préserve leur importance, plutôt que d'aller de compagnie, plutôt que de devenir compagnons, ce qui suppose un partage à égalité. Les compagnons, certes, sont ceux qui partagent le même pain mais ils sont appelés à devenir chacun le pain de l'autre.

La contemplation ne se limite donc pas à une histoire de regard. Ou c'est l'être tout entier qui devient œil. Un œil qui voit sans regarder, tandis que le profane regarde sans jamais rien voir. Dans le traité intitulé *Du Beau intelligible* (cet adjectif signifiant ici que ça se passe bien au-dessus de nos têtes, de notre entendement), le contemplatif Plotin nous offre le fruit merveilleux de son expérience : « Telle est la vérité de notre être, que nous n'avons une conscience et une connaissance claires de nous-même qu'en nous absorbant dans l'unité. »

Savons-nous bien que nous nous livrons à ce beau péril lorsque nous allons regarder le soleil se coucher sur la mer, sur la lande, ou les blés tendres onduler sous la brise d'avril ?

Conversation

Après avoir écrit le roman d'un homme seul, Daniel Defoe consacra de belles pages, beaucoup moins connues que *Robinson Crusoé*, à l'art de la conversation qui manifeste le plaisir d'être ensemble. Et c'est bien ce qui distingue un solitaire tel Robinson d'un sauvage comme Vendredi : le désir d'entrer en dialogue, d'échanger des idées et des sentiments par la parole. Ainsi l'étymologie du mot français « converser » vient du latin « *conversari* », qui signifie tout d'abord « fréquenter ».

Dans ce XVIIIe siècle qui vit fleurir les salons où l'on débattait, entre hommes et femmes cultivés, de philosophie, de religion, de politique et de découvertes scientifiques, le marquis de Caraccioli publia en 1762 *La Conversation avec soi-même*. Il écrit : « Le temps de l'étude et de la conversation est abandonné à quelques solitaires qu'on traite d'originaux ou d'hommes inutiles, comme si plus de la moitié du monde, qui ne fait que jouer, manger, dormir et se promener, rendait de grands services à la société... » De fait, la conversation est dévolue aux solitaires, aux studieux, à ceux qui ont fait des provisions et ont quelque chose à offrir à leurs contemporains. Montaigne déclarait déjà, au chapitre *De l'art de conférer*, qu'il préférerait être privé de la vue plutôt que de la parole, ce qui peut surprendre au premier abord chez un homme amoureux des livres, de l'écriture et de la retraite silencieuse. Or la parole qui s'exprime par la conversation, qui n'est ni babil ni bavardage, est plus que tout précieuse parce qu'elle se révèle vivante, libre, et se donne en un moment unique. Elle apparaît ainsi supérieure à la chose écrite que l'on peut corriger, travailler, et qui termine figée sur le papier, supérieure à la conférence qui se prépare et ne rencontre pas d'interlocuteur imprévisible. Elle se rapprocherait de la calligraphie ou de l'interprétation musicale qui ne peuvent ni se reprendre ni se reproduire à l'identique.

La conversation n'a pas besoin de réunir beaucoup de personnes puisqu'elle privilégie la qualité de l'individu. Elle n'a rien à voir avec les mondanités, elle ne se nourrit pas d'événements superficiels ou sensationnels. Elle cherche toujours ce qui relie profondément deux ou plusieurs êtres au-delà de leur diversité de goûts, d'opinions, de compétences. Et elle célèbre une joie bien particulière : la rencontre des esprits. Aussi peut-elle se dérouler au milieu d'un banquet, où elle s'ajoute à la fête des sens, autant que dans la nature ou à l'intérieur d'une maison.

La conversation est toujours une élection, à la façon dont l'amitié est un choix raffiné. Elle est un art de l'écoute et du moment présent. Converser, ce n'est pas parler de soi, faire des confidences, briller par des mots d'esprit, mais donner de soi et être attentif à l'autre. Il y faut du désir, de la délicatesse, de la culture et de l'enjouement. L'emphase est bannie autant que le pathos : il s'agit de ne pas alourdir l'atmosphère ni faire peser sur autrui ses propres ennuis. Baldassar Castiglione l'a magnifiquement montré dans *Le Courtisan*, publié en 1527 : plusieurs amis choisis, hommes et femmes, se sont réunis dans le palais ducal d'Urbino et durant quatre longues soirées ils vont aborder divers sujets avec intelligence et *sprezzatura*. Ce subtil détachement, cette apparente désinvolture qui est élégance du cœur, rappellent à chacun que la vie est une comédie grave et légère, que cet instant d'échange est éminemment fragile et plein, et que l'inoubliable palpite dans le furtif.

Bien sûr, d'une véritable conversation – qui n'est pas une alternance de monologues –, chacun sort changé, enrichi ou inquiet. Son horizon s'est élargi, éclairci mais il n'y a ni vainqueur ni vaincu. On a trop oublié de nos jours où le débat contradictoire est seul représenté que la conversation ne vise pas à gagner l'autre à sa cause ni à le faire changer d'avis. Cela est du ressort du *convertere* latin, qui signifie « tourner », « retourner », et qui a donné en français la « conversion », non point la conversation. Le plaisir du dialogue tient en une rencontre avec un homme à jamais différent de soi, il est un étonnement durable devant un esprit autre. Aussi une conversation véritable ne peut-elle s'exercer que dans des pays libres et avec des individus libres.

On y parle de tout, d'aujourd'hui et d'au-delà, de menues choses et de questions essentielles, tout a sa place et son importance, les sourires et les silences, un haussement de sourcil, un grattement de gorge, tel mouvement de la main. Cela n'a lieu qu'une fois et c'est totalement neuf. Jamais plus ne seront réunies les mêmes personnes, ayant ces mêmes gestes et ces mêmes mots... Finalement, sous des dehors plaisants, la conversation manifeste une attention passionnée au présent et se révèle un art de célébrer l'unique.

Dès lors, on se rend compte qu'une conversation réussie ne se limite pas à un échange intellectuel mais qu'elle traduit une amoureuse intelligence des êtres et des choses. Les thèmes abordés, les rires, les bons mots, les réflexions et les paradoxes n'en représentent pas l'essentiel. On peut même fermer les yeux, rejoignant ici Montaigne et son étrange déclaration, pour écouter la petite musique de la vie, le bruissement du bonheur partagé.

Corps

Un jour, je me trouvais dans un magasin pour y faire quelques achats de papeterie. Au rayon des stylos à bille, je lus sur une petite pancarte : « ENCRE DE LA COULEUR DU CORPS ». Cela m'entraîna dans un tourbillon de perplexité. Quelle pouvait bien être la couleur du corps ? Rose, comme une bonne mine ? Rouge comme le sang nourricier ? Ou couleur chair, un beige tirant sur l'ocre et le rosâtre ?... Je compris assez vite que l'indication désignait tout simplement le corps du stylo, fait d'une matière plastique opaque, bleue pour l'encre bleue, noire pour une écriture noire, etc. En tout cas j'avais bien rêvé.

Que ferions-nous sans lui ? Que serions-nous sans lui ? Sans le corps qui ne se résout pas à être une machine, ni une apparence, ni une marchandise ? « Frère âne », disait François d'Assise en s'adressant à son véhicule corporel. Un âne bien utile même s'il rechignait souvent et se faisait tirer les oreilles. Les idéalistes, Platon en tête, comparent volontiers le corps humain à une monture que la raison et la volonté doivent maîtriser et guider.

Qu'il soit réduit à une planche d'anatomie ou qu'on l'exhibe comme un organisme en bonne santé et plein d'attraits, son sort reste le même : il deviendra squelette puis poussière. Mais s'il est approché et célébré comme lieu d'une mystérieuse puissance, comme crypte de l'amour, il échappe à la possession autant qu'à la corruption. Ici la beauté du corps n'est plus d'ordre esthétique mais bien métaphysique.

Les blasons fervents ou coquins qui fleurirent au XVIe siècle gardent trace d'un amoureux ébahissement et se tiennent entre désir et contemplation : l'œil, le nombril, le dos, le genou, la joue manifestent une beauté furtive plus que palpable. Se souvient-on que Clément Marot en inventa le genre ? Il traduisait alors les Psaumes qui chantent l'Éternel et sa toute-puissance et, pour faire bon poids, dans un même souffle de louange il enchaîna sur le blason du « beau tétin ». Cela réjouit fort, dit-on, le roi François Ier et tous, dès lors, poètes et ecclésiastiques, se mirent à blasonner, à décrire le corps d'une improbable dame…

Lorsqu'on est triste, lorsqu'on n'est pas amoureux ni entouré d'affection, on n'aime pas son corps, on voudrait s'en délester ou bien le faire obéir comme un esclave docile. Seul l'amour, platonique ou non, nous fait aimer notre corps éphémère – ce à quoi échouent l'acte de se nourrir, de penser, l'art, la musique même.

D

Danse

Plus qu'une activité ou un loisir, c'est une énergie. La danse a ceci de particulier qu'elle manifeste toujours la joie et la légèreté. Elle dit le plaisir de bouger et l'allégresse du cœur, elle peut devenir transe et ivresse. S'il existe des chants tragiques, des musiques de plainte et de deuil, à ma connaissance il n'existe guère de danses funéraires sauf en Chine ancienne. La *Danse macabre* que l'Église inventa au XVe siècle pour rappeler à tous l'égalité devant la mort inéluctable est une métaphore, une image picturale, elle n'a jamais fait partie du répertoire humain.

La danse permet de rapprocher les corps, d'exprimer la convivialité, de célébrer des rites agraires, des fêtes familiales et sociales, de louanger la divinité. Xénophon rapporte dans son *Banquet* que Socrate se livre volontiers à la danse, ce que Jésus ne semble pas avoir fait. Toutefois, au IVe siècle, Grégoire de Nazianze s'adresse au fidèle en ces termes : « Cours avec l'étoile, chante des hymnes avec les anges, danse avec les archanges… », et plusieurs textes de la période féodale assurent qu'on danse au Paradis.

Au XIIIe siècle, dans le pays qu'on appelle aujourd'hui la Turquie, Djalâl ud-Dîn Rûmî inventa le *samâ*, concert spirituel que les derviches tourneurs pratiquent encore de nos jours. Il disait, presque modestement : « Plusieurs chemins mènent à Dieu, j'ai choisi celui de la danse et de la musique. »

David danse devant l'Arche et, au XVIIIe siècle, en Europe centrale, la communauté des *hassidim* exprime en dansant son allégresse et une gratitude à toute épreuve. Même un esprit solitaire et inquiet comme rabbi Nahman de Braslaw déclare : « Chaque jour il faut danser, fût-ce seulement par la pensée. » Martin Buber rapporte une anecdote au sujet de rabbi Haïm de Kossov dont la danse exprimait une véritable extase. Un jour, un banc de bois lui tomba sur le pied et le rabbi fut forcé d'interrompre sa danse. Des proches, anxieux, l'entourèrent et lui demandèrent s'il ne souffrait pas trop. Il répondit avec candeur : « J'ai l'impression que la douleur m'a pris parce que je me suis arrêté de danser. »

La leçon mérite d'être retenue. Ce qui compte finalement n'est pas de raison garder, mais bien de perdre la tête – de joie, de reconnaissance. Autant dire : ne plus s'appartenir, se limiter à soi, mais se joindre à la marche de la lumière, à la ronde des saisons, à la valse des atomes ; mais se livrer, petite mouche éblouie, à la giration du monde et au flux d'amour qui « fait tourner le soleil et les autres étoiles ».

Nietzsche a vu juste, une fois de plus, en déclarant : « Je ne croirais qu'en un dieu qui sût danser. »

Désir

En ancien français, le mot « talan » – écrit aussi « talentz » – désigne le désir et, partant, le courage, le cœur, l'élan.

« Pos de chantar m'es pres talentz... », entonne le premier des troubadours, Guillaume IX d'Aquitaine, au début de sa Canso XI. « Puisque me vient le désir de chanter... »

Dans le monde antique, le talent est une unité de poids et une monnaie. Ce qui pèse et ce qui a du prix. D'où l'importance du désir qu'on ne saurait bafouer ni renier. L'acception récente qui fait du talent une capacité, une aptitude, a beaucoup perdu de la puissance vitale, expansive et lyrique, du « talentz ».

Désirer, c'est incanter, c'est faire lever le jour et bouillonner le monde. Désirer, c'est se sentir magnifiquement vivant. C'est la fougue du chevalier, l'ivresse du mystique, le songe du grand seigneur.

Le désir s'avoue impétueux, enchanté, impérieux, incendiaire. Il bouscule tous les prétextes et les obstacles que nous invoquons pour ne pas vivre, ne pas aimer : raison, devoir, prudence, obligations… Il a tous les traits de la juvénilité. Prendre congé de lui conduit plus sûrement à la tristesse qu'à la sagesse.

« Vous n'êtes pas la femme qu'il me faut, déclare Liszt à Marie d'Agoult, vous êtes celle que je veux. »

Dieu

Bayazîd de Bisthâm, un soufi qui vivait dans la Perse du IXe siècle, affirmait : « Qui ne connaît pas Dieu peut être dévoré par le feu, mais qui a connu Dieu dévorera le feu. »

Il disait aussi : « Un seul atome de l'amour de Dieu dans un cœur vaut mieux que cent mille paradis. »

À l'opposé des ascètes et des ermites qui, volontiers, se livrent au jeûne et aux mortifications, les mystiques se signalent par leur tempérament ardent, leur lyrisme, leurs outrances de sentiments et de paroles. Ils ne renoncent à rien, ils veulent tout, et immense s'avère leur désir. La plupart d'entre eux ont rencontré très jeunes ce grand amour qui n'a pas de visage humain, et malgré les attraits du monde ils persistent et se brûlent à cette flamme invisible : Hallâj, Catherine de Sienne,

Bernard de Clairvaux, Hadewijch d'Anvers et tant d'autres sur qui les ambitions terrestres, les agréments procurés par l'argent ou la douceur d'un foyer n'ont eu aucune prise parce qu'ils se sentaient requis par une plus haute passion.

Ils nous affirment, même si cela peut nous sembler incompréhensible, véritablement fou, qu'il n'est pas de plus grand bonheur que Dieu. Et la joie, la jouissance de Dieu dont ils témoignent sont présentes dès cette existence, et nul ne peut leur dérober ce trésor.

Dormir

Le sommeil m'a toujours paru la meilleure part de la vie, son versant le plus clair. Bien sûr, dans un monde d'efficacité dormir semble inutile, c'est du temps gâché ; tandis que les ours, les taoïstes et les amants courtois abritent dans le sommeil leurs secrets d'amour, de sagesse et de longévité.

Intellectuels et ascètes se méfient d'un sommeil que ne gouverne plus la raison et que peuvent envahir les puissances de l'ombre et de l'au-delà. Pour eux, la nuit est emplie de dangers, de traîtrises et le sommeil équivaut à la paresse d'esprit, à l'ignorance. Mais les poètes et les mystiques s'abandonnent avec confiance à ce royaume inexploré. Pour eux, dormir n'est pas mourir mais consentir et rejoindre. Ce serait plutôt un avant-goût de l'éternité, lorsque la créature sera délivrée de ses limites et de ses pesanteurs de chair et de raison.

Dans le sommeil qu'on appelle profond – sans nul rêve –, on se sent étonnamment léger et en même temps centré. Le dormeur se nettoie de tous les soucis, de toutes les déceptions de la vie quotidienne, il fait la paix avec lui et avec le monde. Et puis il se déploie, il se délie – ce n'est pas hasard si Hypnos, comme Éros, comme Hermès, est une figure ailée.

Telle est l'expérience du sommeil comme exercice spirituel : c'est lorsque l'être humain est le plus relié qu'il devient le plus libre. Mais beaucoup de mortels rechignent à s'aventurer en ces heures nocturnes où ils craignent de se perdre. Où suis-je, en effet, et qui suis-je quand je dors ? À la même époque que le philosophe Bergson, Marcel Proust s'est longuement interrogé à ce sujet et il comprend que durant le sommeil dénué de rêves se dévoilent « la reprise des années passées, des sentiments perdus, la désincarnation, la transmigration des âmes, l'évocation des morts, les illusions de la folie, la régression vers les règnes les plus élémentaires de la nature [...], tous ces mystères que nous croyons ne pas connaître et auxquels nous sommes en réalité initiés presque toutes les nuits, ainsi qu'à l'autre grand mystère de l'anéantissement et de la résurrection ». Dans le même sens, le romantique allemand Novalis écrit : « L'Ineffable, nous le goûtons dans le sommeil. »

Ainsi, le sommeil révèle un autre moi que le moi habituel et une autre conscience, plus vaste, lumineuse. Comme le rappelle le conte, resté incompris, de *La Belle au bois dormant*, le moi qui dort est de toute beauté : entier et parfait. Il a part à l'immensité, il est préservé des atteintes de l'âge et de la mort. Tant que la Belle demeure plongée dans le sommeil, elle apparaît fraîche et intacte, toujours jeune. Mais si elle est réveillée, fût-ce par un jouvenceau d'aimable allure, elle goûtera les plaisirs terrestres, certes, mais aussi les douleurs de l'existence, la maladie et la vieillesse. Tirée du sommeil bienheureux, elle tombe dans le temps historique qui est toujours celui du déclin. À regarder d'un peu plus près, on perçoit la signification du prénom que porte le prince. Il s'appelle Charmant, un terme puissant qui, dans le langage du XVIIe siècle que pratique Perrault, a peu à voir avec une mine agréable et de bonnes manières. Cela signifie qu'il charme, c'est-à-dire qu'il envoûte et ensorcelle tel un magicien, qu'il exerce une irréparable emprise. Ainsi, le délicieux jeune homme auquel continuent de rêver des générations de filles ignorantes s'avoue une des figures du Séducteur, du Temps. Il représente les pièges et les sortilèges de l'existence corporelle auxquels une âme pure se laisse prendre. La Belle choit dans le temps, dans le quotidien (mariage, ribambelle d'enfants et soins du ménage), elle qui était vouée à l'éternité…

Chacun peut expérimenter que le moi qui dort est bien plus précieux que le moi diurne : il paraît désagréable voire insupportable de dormir auprès de personnes qu'on ne connaît pas (dans une couchette de train, par exemple, ou dans un dortoir) alors que, pendant la journée, on n'a pas de difficulté à marcher ou à s'asseoir au milieu d'un grand nombre de gens (dans un magasin, un autobus, une salle de cinéma). Une autre expérience consiste à regarder quelqu'un dormir : cela semble toujours une indiscrétion, une effraction. Sacha Guitry disait que « c'est comme si on ouvrait une lettre qui ne nous est pas adressée ». De fait, c'est un être inconnu, inouï, qui dans le sommeil se lève, et ce moi secret requiert toute notre attention.

Voilà pourquoi dormir auprès de l'autre est un signe d'amour plus sûr que de se livrer à l'étreinte charnelle. Aimer n'est pas se mélanger. Ainsi le savaient les fins amants du XIIe siècle qui instaurèrent l'*asag*, épreuve rituelle, délicieuse torture qui consiste à dormir dans le même lit que la personne follement désirée sans la toucher... Le corps peut se partager, le sommeil jamais. Ainsi les amants courtois pouvaient, dans l'*asag*, appréhender la solitude insigne de l'autre et son mystère inaliénable. Et leur amour était suffisamment ardent et délicat pour révérer cette majesté de solitude révélée par le sommeil et en nourrir leur liberté.

On dit : dormir du sommeil du juste, dormir comme un ange, évoquant par là une conscience pacifiée, bienveillante, une innocence retrouvée. Jésus dort paisiblement au milieu de la tempête, comme l'ancêtre Jessé, comme les Sept Dormants dans leur caverne d'Éphèse… La nuit nous fait toucher le ciel, plusieurs mythes le racontent. En Grèce antique, on rapporte l'histoire d'Épiménide qui fut un jour envoyé par son père dans la campagne afin de rechercher un mouton perdu. Le garçon fit des tours et des détours puis, à midi, il trouva une grotte où il s'endormit. Et cet assoupissement ne dura pas moins de cinquante-sept ans. Lorsque Épiménide se réveilla, il continua sa route à la recherche du mouton mais il se rendit compte que tout avait changé autour de lui. De retour à la ville, il rencontra des gens qu'il ne connaissait pas, puis il croisa son frère cadet, un homme aux cheveux blancs qui le reconnut, éberlué. Épiménide avait ainsi traversé le temps et on le considéra comme l'homme le plus aimé des dieux, lui qui avait passé plus de cinquante ans à dormir… L'histoire ajoute que ce sage vécut encore un ou deux siècles mais elle ne précise pas qu'on lui doive la coutume de compter les moutons pour trouver le sommeil.

C'est bien en dormant que l'homme, ce mortel, est le plus proche des dieux. C'est là qu'il se sent totalement libre, vraiment roi. Tous les auteurs qui ont parlé de l'Âge d'Or décrivent un âge où l'on dort – puisque le sommeil profond représente l'insouciance, la paix mais aussi la sagesse. C'est une image du *Nirvana*. Dans un texte célèbre de tradition védique, extrait du *Chandogya Upanishad*, un père enseigne ainsi son fils : « Apprends de moi, mon cher Svetaketu, ce que c'est que le sommeil. Quand ici-bas un homme dort, comme on dit, il est en fait uni à l'Être, il s'est résorbé en lui-même et c'est pour cela qu'on dit de lui : il dort. Il s'est résorbé en lui-même. »

Pour ceux que les considérations métaphysiques effaroucheraient, il n'en reste pas moins que le sommeil est un plaisir, une détente, une volupté. Il nous lave et nous répare, il nous fait échapper de la prison du jour, du perpétuel combat de l'existence. Le cerveau se tient enfin tranquille. Et nos agitations, nos grandes idées et nos ambitions diverses s'évaporent pour nous rendre à l'essentiel, à l'impalpable.

Oui, le sommeil profond réveille l'âme et fait le lit de l'éternité, presque à notre corps défendant. Tous les navigateurs, tous les laudateurs du sommeil – Homère, Plutarque, Cervantès, Michel-Ange, Kierkegaard, Nietzsche, Giono ou Pessoa –, tous se montrent à la fois gourmands de vie et idéalistes. Donc volontiers atteints par la mélancolie. Mais par la grâce d'une sieste, d'une grasse matinée, en goûtant le « sommeil de miel » (Homère) ou en « dormant la vie » (Pessoa), chacun d'eux savoure, dès ici-bas, les prémices de l'absolu.

E

Écrire

Un jour, j'eus envie de revenir à la plume et à l'encrier. Non par goût du passé ni par esprit de résistance, mais parce qu'il me semblait que le rythme, la chair de l'écriture en seraient différents. On n'écrit pas, on ne réfléchit pas de la même façon lorsque, régulièrement, on doit tremper sa plume dans l'encrier. Il faut s'interrompre au lieu de filer à toute allure, et bien peser ses mots pour éviter l'irréparable rature. Lorsque l'encre s'épuise, que la plume a soif, on est confronté au mourant des choses en même temps qu'à l'affaiblissement de la graphie et on devient moins arrogant, plus délicat. C'est un geste souverain qui ne se reprend pas plus qu'une calligraphie et qui se voit menacé de perte en cet instant inattendu où l'encre manque, où la plume chuinte et gratte.

Avec le stylet, le crayon (inventé en 1564) ou le stylo à bille (mis au point en 1936), on a une assurance, on peut écrire sans s'arrêter, sans être pris au dépourvu, la pensée est guettée par la rigidité ou par le laisser-aller. Quant à l'ordinateur, qui garde tout en mémoire mais efface les repentirs si précieux et qui permet de chambouler mots et paragraphes, son usage me paraît incompatible avec la méditation philosophique, le poème et la lettre d'amour.

Écrire avec une plume d'oie, ou une plume métallique, c'est renouer avec cette « humilité de la puissance » que Charles d'Orléans évoque dans une de ses *Ballades*. C'est faire la part du temps, du suspens, de l'attente. Ne pas brusquer les choses, les mots ni les silences, mais laisser place à la grâce, à l'imprévu – tout ce qui peut advenir sur le chemin qui mène la plume décolorée jusqu'à la source de l'encrier. Et la main ne sait pas encore si elle va *mener sa plume boire* ou bien la retenir en même temps que ses pensées, tel un cheval fougueux.

Me servant de la plume et de l'encrier, je m'incline devant la fragilité de la poésie, toujours hésitante à prendre corps, fût-ce corps liquide. Retenant mon souffle et ma main, je célèbre l'incertitude de l'être, le silence originel. Je n'écris pas d'une traite, je ne couvre pas la page de manière impérieuse mais ma pensée avance à pas menus, effleurant cette peau que demeure toute page (ce n'est pas hasard si le papyrus et le parchemin, écorce végétale et peau d'animal, furent les ancêtres du papier). Je caresse à petits coups de plume – comme les amants leurs corps à petits coups de langue – la page blanche qui brille. J'y sème des signes d'amour. Je ne prends pas possession d'elle, non, je ne la force pas : je dépose ici et là des baisers d'encre, des traces de vie.

Puis je m'arrête. J'attends. *J'écoute*. Le temps est suspendu tant que la plume reste en l'air. Rien n'est assuré, tout est possible. Et je trempe à nouveau la plume dans l'encrier, je reprends chemin et respir. L'amour requiert des pauses, des stations – châteaux, jardins, miroirs d'eau. On ne le dévore pas d'un trait, on ne le conquiert jamais. Le vulgaire va droit au but, ce qu'il croit le but : la possession. Mais celui qui manie la plume avec l'art de l'attente et de la retenue, quoique brûlant de désir, se révèle amant courtois. Il avait bien raison, Ibn Arabî, de dire que le jeu des lettres entre elles n'est autre que jeu d'amour…

Et puis il y a l'encre, qui est un océan. L'encre qui voudrait calmer la soif d'écrire et qui avive les rêves par sa profonde mobilité. Il y a l'encrier, cet abîme de pensées et d'images où la plume va pêcher par hasard quelque poisson magique. L'écrivain qui a devant lui un encrier ne peut croire qu'il tire tout de son cerveau, de sa culture, ni qu'il tient fermement le fil de son histoire. Non : tout ce qu'il écrit – *peut* écrire, car le suspens de la plume octroie cette incertitude, cette lassitude aussi devant l'évanouissement de l'encre et de toutes choses – tout cela vient de la profondeur de l'encrier, de cette matière fluide et sombre qu'est l'encre.

Sans l'encre mes idées n'existent pas, mes rêves ne prennent pas corps et la création littéraire reste nuage. Le stylo, l'ordinateur et autres instruments permanents et fiables entretiennent l'illusion d'un moi solide qui maîtrise tout, d'une écriture qui vient de moi et m'appartient.

La plume et l'encrier rendent celui qui écrit attentif au souffle, ils sont pour moi liés à l'oreille plus qu'au toucher, à l'attention portée aux choses plutôt qu'à leur conquête. Ils obligent d'avoir, envers le monde, envers les mots et envers ce geste admirable d'écrire, des égards.

Émerveillement

Thérèse de Lisieux disait qu'elle n'avait pas besoin de se rendre à Lourdes pour croire aux miracles. Et l'étonnant pays que découvre Alice surgit des profondeurs de ses rêves de fillette. Jésus l'avait bien dit : le Royaume est à l'intérieur…

On pense communément que s'émerveiller est une émotion de l'enfance. Pas seulement. L'émerveillement est le secret de ceux qui vivent jeunes très longtemps, qui persistent malgré l'adversité. C'est une vertu qui ouvre tout sur son passage, qui transfigure les choses, les lieux et les visages.

Ou c'est un don que certains caractères heureux reçoivent à la naissance.

L'émerveillement comporte plusieurs degrés, depuis la surprise et l'étonnement jusqu'à l'éblouissement et la jubilation, en passant par la gaieté, l'enthousiasme, la fraîcheur d'esprit. Toute l'aventure du Graal qu'imagina à la fin du XIIe siècle Chrétien de Troyes peut être considérée comme une quête de l'émerveillement (avec, en contrepoint, ses faux-semblants, sortilèges, artifices). Le jeune Perceval ne s'étonne de rien, il ne pose aucune question à ceux qu'il rencontre. Ce n'est pas tant à cause d'une retenue polie que d'un manque d'attention à l'autre, d'une absence d'écoute du monde. Il estime, comme tant d'autres, que tout ce qui lui arrive est normal ou encore lui est dû : la lumière du jour, le frisson des arbres, l'hospitalité, l'amour des dames, le pas des chevaux, la gloire...

L'initiation de Perceval consistera à passer de son état de garçon ignorant, donc content de soi, à l'état de ravi, autant dire éveillé. Il méritera alors son nom de chevalier, Perceval, celui qui traverse l'écran des apparences, parce que l'émerveillement élargit la compréhension. Le véritable sage est bien celui qui, sans regret ni amertume, apprécie la vie jusqu'au bout de ses jours et par elle se laisse encore surprendre, celui qui garde un cœur bouleversé. Ce n'est pas réservé aux mystiques. Certains hommes de science ont éprouvé ce frémissement de l'âme, tel Albert Einstein : « Le plus beau sentiment qu'on puisse éprouver, c'est le sens du mystère. C'est la source de tout art véritable, de toute vraie science. Celui qui n'a jamais connu cette émotion, qui ne possède pas le don d'émerveillement ni de ravissement, autant vaudrait qu'il fût mort : ses yeux sont fermés. »

L'émerveillement renouvelle celui qui lui offre passage : tout est neuf, rien ne se répète, chaque être est singulier. Le regard du ravi est de louange et de dépossession. Dans l'émerveillement je n'ai prise sur rien ni sur personne, je me laisse envahir, soulever, je suis presque boutée hors de moi, je ne m'appartiens plus. Le tenace besoin de savoir, la volonté de tout expliquer, de maîtriser les phénomènes, sont à l'opposé de la vertu d'émerveillement. Un exemple tout simple est fourni par ce qu'on désignait naguère par « leçons de choses » – admirable expression en sa simplicité. Celles-ci, jugées trop naïves par un monde imbu de ses techniques, ont fait place aux « sciences naturelles » puis aux « sciences du vivant ». Le pain, la craie, l'eau, la fleur, l'abeille n'ont plus rien à nous apprendre : le monde est devenu muet, inerte, depuis qu'il est classé dans la catégorie abstraite du « vivant ». La science est triste, hélas, quand elle est mécanique…

Maxime le Confesseur qui au VIIe siècle en savait bien autant que nos savants contemporains avait cette juste formule : « Seul l'émerveillement peut entourer l'inentourable puissance. »

Enfance

L'enfance est un moment heureux parce qu'on s'amuse d'un rien et qu'on prend tout au sérieux. Le reste – l'affection des parents, le confort d'une maison, les jouets, les desserts – vient par surcroît et ne peut entamer, même si les circonstances sont douloureuses, l'esprit de l'enfance.

Je n'ai aucun regret de mes jeunes années et j'évoque rarement le temps où j'étais une enfant et où je ne me posais pas la question du bonheur, tout en étant assaillie par mille autres interrogations. Étais-je heureuse ? C'est une question d'adulte. En tout cas, je croyais à tout : au Père Noël, à la petite souris (qui venait chercher la dent sous l'oreiller), au loup-garou (qui me faisait tenir tranquille), aux cloches de Pâques porteuses de cadeaux, à l'histoire des choux et des roses où naissent les bébés… Et puis, tout me paraissait vivant, doté de sensibilité : les statues, les cailloux, les figures de la tapisserie, les dessins contenus dans les livres, les nuages, les dames de blé et, bien sûr, mon animal chéri en peluche, d'aspect difforme et d'identité douteuse, qu'on avait désigné comme « sarigue ».

On quitte l'enfance quand le froid réalisme et l'esprit pragmatique qui l'accompagne envahissent notre vie et gouvernent nos relations ; quand on « fonctionne » au lieu de ressentir ou d'être ; quand on « gère » au lieu de s'abandonner, de faire confiance, de faire crédit ; et quand on absorbe des somnifères chaque soir parce qu'on a renvoyé, comme un bon à rien, le marchand de sable.

Étoiles

Les Égyptiens avaient conscience de la vocation stellaire de l'homme. Les meilleurs d'entre eux y ont œuvré et ils roulent aujourd'hui en une éternité heureuse.

Une tombe d'Assouan, en Haute-Égypte, recèle une inscription qui témoigne d'une extraordinaire joie. C'est celle du prince Sarenpout qui vécut sous l'Ancien Empire, c'est-à-dire au troisième millénaire avant l'ère chrétienne :

J'ai jubilé, car on m'a fait toucher le ciel.
Ma tête a percé le firmament,
J'ai éraflé le ventre des étoiles,
J'ai atteint l'allégresse,
De sorte que je brillais comme une étoile,
Que je dansais comme une constellation.

Bien plus tard, un poète au nom prédestiné, Apollinaire, déclarera : « Il est grand temps de rallumer les étoiles. »

F

Festin

Un festin se doit d'être une fête et toute table est ouverte. Seuls, parfois, les cœurs sont fermés et les appétits étroits.

Le banquet est un moment précieux où le corps, l'âme et l'esprit tout ensemble se régalent. Il évoque la surabondance de la vie et rappelle que l'être humain a besoin de nourritures subtiles autant que matérielles. Car il ne s'agit pas simplement de manger ensemble mais de savourer tout autant les présences amies, l'éclat des visages, la beauté des fleurs, les lumières, la musique, les propos échangés. Ainsi l'amour, la poésie, la joie et même la sagesse comptent parmi les premiers invités.

Les choses les plus importantes se passent autour d'une table : déclarations amoureuses, contrats, alliances et conspirations, miracles et extravagances. Jésus change l'eau en vin au cours d'un festin de noces et, plus tard, se donnera lui-même en nourriture lors de la Cène. Marie de Magdala fait irruption dans un banquet entre hommes pour répandre un flacon de parfum, ses cheveux et ses larmes sur les pieds de Jésus. Cléopâtre dissout dans du vinaigre une grosse perle qu'elle boit afin de gagner le pari de faire un repas de dix millions de sesterces.

La Grèce antique inaugure la tradition du banquet philosophique : couronnés de myrte et de verveine, les convives font circuler des coupes de vin et devisent gaiement ; puis on renvoie les danseuses, les musiciens, les échansons, et le corps étant rassasié, le cœur content, l'esprit peut se livrer à la méditation, à la recherche de la sagesse. Car, loin de penser comme les ascètes que la quête spirituelle se fonde sur la défaite du corps, les philosophes grecs puis romains cherchent un heureux équilibre de la personne *(mens sana in corpore sano)*, et n'oublient pas que la sagesse est saveur : en l'homme, les sens et toutes les facultés se réjouissent de concert. Socrate préside un banquet célèbre relaté par Platon et il garde la première place dans celui que rapporte Xénophon. Ensuite, Dante, Érasme, Giordano Bruno, Kierkegaard imagineront de réunir divers convives afin de déguster ensemble ce qui alimente la vie et la philosophie, Charles Fourier parlera même de « gastrosophie ». Un banquet se doit d'être joyeux et si le vin choisi coule à flots, si les plats raffinés se succèdent, si la vaisselle et le décor de la table sont élégants, c'est pour rappeler que la sagesse est tout sauf pesante et sévère : elle libère l'homme, à la façon dont le breuvage fort délie les langues et dont l'amour octroie l'envol.

Il est fort agréable d'être invité à un festin mais il n'est pas moins plaisant de le préparer : réfléchir au menu, confectionner les plats, dresser la table avec du linge impeccable et de la vaisselle jolie, penser à l'emplacement des convives suivant leurs goûts ou leurs affinités, arranger des bouquets, des corbeilles de fruits, disposer des bougies, diffuser des parfums légers, penser à la musique... Se livrer à cette longue et minutieuse préparation, c'est anticiper sur la joie du banquet, c'est fêter déjà les amis qui se réuniront. Ce ne sont pas des heures mineures ni fastidieuses. Comme le disait la grande Thérèse d'Avila : « Comprenez que, à la cuisine, le Seigneur circule parmi les marmites. »

Feu

Qu'il ait été dérobé à Zeus par le Titan Prométhée ou qu'il ait été découvert par nos lointains ancêtres en frottant deux silex, le feu prodigue de multiples bienfaits mais recèle aussi des dangers nombreux. Ici, on omettra les bûchers édifiés par les inquisiteurs, les vengeances opérées par les flammes, les incendies qui détruisent les forêts et leurs animaux, pour ne retenir que les feux de joie.

En premier lieu apparaît le feu de bois, qu'on le construise dans la nature pour se réchauffer, se rassurer, ou qu'on le prépare dans une cheminée. Il évoque l'intimité, la douceur, et avec ses contours dansants et ses couleurs changeantes il offre une belle image de la vie impossible à capturer.

Les femmes sont jolies à la lueur des bougies et des bûches qui brûlent. Les amoureux rapprochent leurs visages, leurs paroles deviennent murmure. Tout chat qui se respecte se tient au plus près de l'âtre ; la famille refait son cercle paisible et se livre à des activités simples et silencieuses : lecture, tricot, couture... Mais c'est la rêverie qui l'emporte. Aucune querelle ne tient devant un feu de bois. Chacun se sent à égalité, en fraternité devant une flambée qui éclaire et réchauffe avec bienveillance. Se rassembler autour d'un feu est la plus sûre façon de faire la paix.

Dans un monde envahi par la technique, la mention « cuit au feu de bois » fait déjà saliver : on voit défiler des images de pain craquelé et doré par les flammes, de pommes de terre rôties sous la cendre, de jambon fumé dans l'âtre, de soupe qui mitonne dans un chaudron près du foyer... Est-ce nostalgie d'un temps déjà ancien, rural ? N'est-ce pas plutôt le signe que l'homme résiste aux assauts de la mécanique ? Il se sent encore parent de l'arbre qui fournit les bûches, proche de la nature, et la mention « cuit au feu de bois » recèle le prix insigne qui s'attache aux gestes humains, à la belle ouvrage : la « main à la pâte » fournit un antidote sûr à un monde artificiel ou virtuel.

Et puis le feu demeure la plus belle métaphore de l'amour passionné. Il désigne la folie du désir, la brûlure irréversible du cœur, l'exaltation des sens. En recherchant la présence des feux de bois, les amoureux savourent les prémices de leur délicieuse ardeur. Et ils se persuadent que leur histoire ne sera pas un feu de paille.

Le feu, c'est beaucoup plus que le passage du cru au cuit. C'est pour chacun le rappel d'une flamme intérieure, d'une étincelle d'éternité. « Malheur au cœur où il n'y a pas le feu ! » s'exclamait Omar Khayyam dans la Perse du XIVe siècle.

Fleurs

« Emplis ta main avec toutes les fleurs que ton regard peut contempler. On a besoin d'elles toutes. C'est bon de ne pas en être privé. »

ANI,
sage d'ancienne Égypte

« Un volubilis à ma fenêtre me satisfait plus que la métaphysique des livres. »

WALT WHITMAN

G

Gâteaux

Enfant, je me figurais l'âme comme une gaufrette à la vanille : légère mais fixée verticalement à l'intérieur du corps, à l'emplacement du sternum. L'âme, mot pour moi énigmatique, avait – assonance oblige – la forme d'une rame, elle était recouverte d'une fine poudre blanche au goût vanillé, celui-là même que je savourais dans les friandises que ma mère rapportait du marché.

Je ne suis pourtant pas ce qu'on appelle un bec sucré et je me passe volontiers de gâteaux, crèmes, bonbons et autres douceurs. Mais j'aime leurs noms, leurs formes si diverses et l'invention prodigieuse qu'ils représentent : macarons de Nancy inventés par les carmélites, île flottante, puits d'amour, bavarois aux framboises, pain de Vénus, reine de Saba…

Toute petite, je fus victime de ces apparences alléchantes. Je lorgnais régulièrement, à la devanture d'une pâtisserie, une rangée de grenouilles bien vertes, assises sur leur séant, qui étaient pourvues de petits yeux noirs et ouvraient une large bouche toute rose. Ce vert et ce rose vif formaient un contraste extrêmement attirant pour une fillette et je demandai à ma mère de m'acheter une de ces grenouilles. La réalité se révéla bien différente, c'est-à-dire écœurante parce que, hormis le socle de génoise, tout le corps de la grenouille était constitué de crème au beurre. En général, je ne dépassais pas la première bouchée, qui avait endommagé le crâne du batracien, et personne ne voulait achever la pauvre bête... Mais au lieu d'en tirer la leçon, chaque fois que je passais devant cette boutique, je m'attardais à contempler la file des gâteaux grassouillets à bouche béante et je réitérais ma demande. Je mis du temps à accepter que toute beauté n'est pas consommable.

Si les gâteaux, biscuits et gourmandises figurent au nombre des images du bonheur, cela signifie pour moi que j'aime surtout les confectionner. Tout d'abord lire des recettes, découvrir l'origine de leur nom, de leur région, connaître les fêtes qui s'y rattachent et quelques secrets de fabrication. L'entremets ou le gâteau a cet immense avantage sur les autres tâches ménagères qu'il est bien visible, odorant et palpable, qu'il est donc apprécié à sa juste valeur. Et par rapport à l'œuvre d'art ou au livre, il possède cet avantage incontestable de prendre beaucoup moins de temps (mais non moins d'attention) et de permettre de constater rapidement si l'œuvre apporte à autrui joie ou déception.

J'ai donc souvent fait des gâteaux et des compotes lorsque j'en avais assez d'étudier et d'écrire, assez de travailler dans l'intemporel. Et même si l'on fait des taches, des coulures et des mouchetis sur ses vêtements et sur les murs, même si on entasse une vaisselle incroyable, c'est un plaisir fou de mélanger, faire mousser, malaxer, battre en neige, puis de regarder à travers la vitre du four la pâte qui lève, qui se boursoufle, qui dore.

Il y a un lien subtil, qui n'est pas réductible au goût sucré de l'enfance, entre les desserts et la joie du cœur. Si la cuisine en général s'adresse aux sens, le gâteau relève du sentiment. On sait que Hildegarde, l'abbesse visionnaire de Bingen, a soigneusement consigné au XIIe siècle des recettes de friandises et de sablés qu'elle disait de santé. J'ai pu déguster ces « gâteaux de la joie » préparés par une amie, vantés ainsi par Hildegarde : « Ce biscuit enlève toute amertume de votre cœur, ouvre votre intelligence, stimule vos sens engourdis, rend votre esprit joyeux et diminue en vous tous les sucs nocifs. »

À quelques siècles de là, le solitaire, le frugal Spinoza témoigne d'une gourmandise inattendue. En juin 1665, de son petit appartement situé à Voorburg, proche de La Haye, il écrit à un ami pour lui parler de la nécessité de l'étude ; puis il évoque sa santé qui s'améliore et ajoute : « Je compte [...] que je recevrai un peu de cette confiture de roses rouges que vous m'avez promise. »

La sagesse, parfois, tient en une cuillerée de pétales confits.

Gestes

Certains gestes, spontanés ou appris, sont censés porter chance ou bien conjurer le malheur : se signer, faire les cornes, toucher du bois, croiser les doigts, faire sauter les crêpes à la Chandeleur, jeter du riz aux jeunes mariés... Mais, plus largement, il est des gestes qui manifestent la beauté, la joie, l'amour et qui troublent celui qui en est le témoin involontaire ou attentif.

Une Victoire délaçant ses sandales, sur un marbre antique d'Athènes, fascina l'esthète D'Annunzio, mais le même geste fait par une jeune femme vivante conserve sa magie, comme celui d'approcher son visage d'un poudrier.

Une femme peut encore dégrafer à peine son corsage, laisser glisser une bretelle sur son épaule, relever gracieusement le pan d'une robe ample, dénouer ses cheveux, se peigner longuement, lisser le long de sa cuisse un bas moiré et se livrer à tous les gestes si jolis du maquillage et de la toilette. Il semble qu'un homme dispose de moins d'atouts gestuels pour séduire, pour se mettre en valeur, aussi se tournera-t-il plutôt vers la musculation.

On a tendance à oublier la splendeur simple des gestes du quotidien, pourtant ils peuvent transfigurer une journée et procurer une joie immédiate : ouvrir les volets, plier des draps, essuyer la buée sur la vitre, balayer (c'est incontestablement plus majestueux que de passer l'aspirateur), secouer un panier à salade (ustensile devenu quasiment introuvable), protéger d'une main la flamme d'une bougie, faire des bulles de savon, ranger des fruits dans une corbeille, par une nuit fraîche remonter la couverture sous son menton, étendre du linge au soleil, cueillir des fleurs dans les prés, écosser des petits pois, poser une échelle contre un mur, souffler sur la tête duveteuse du pissenlit, boire dans ses mains à une fontaine, marcher pieds nus, plier soigneusement une lettre, clore une enveloppe, décacheter un courrier, arroser la pelouse, feuilleter, humer un livre, peler une orange en un long ruban courbe ou bien en quatre quartiers exacts… Et, en toute occasion : se pencher, avoir la tête penchée. Attitude ravissante. Je comprends que le français, langue de l'amour, rapproche inclinaison et inclination… Incliner la tête, avec ou sans appui de la main, ça donne toujours un air doux, attentif et intense – un air d'ange et d'ailleurs.

Chaque fois que je le vois, le geste par lequel les Marocains et autres peuples arabes se saluent m'enchante : après avoir serré la main d'autrui, chacun effleure rapidement sur sa poitrine le lieu du cœur. Cela rappelle en particulier que la politesse est une survivance de la fraternité humaine.

Il est un geste jamais neutre ni usé : celui de donner la main. Il n'est pas seulement réservé aux enfants qui ont besoin d'un soutien pour marcher, aux malades qui cherchent du réconfort, aux amoureux qui ne veulent pas s'éloigner dans les commencements de leur histoire, aux vieux couples qui s'en vont cahin-caha vers leur jardin d'hiver… Je suis toujours émue lorsqu'une personne âgée ou infirme me demande presque timidement de lui donner la main pour descendre un escalier, pour traverser une rue. Ce n'est pas là un signe de faiblesse mais le symbole même d'un lien entre les êtres, d'un pont entre les générations.

Donner la main : l'expression est forte et profonde. De même que « l'hôte » désigne d'un terme unique celui qui reçoit l'hospitalité et celui qui l'offre, de même « donner la main » signifie tout autant tendre la sienne que saisir, sentir la main d'autrui. Ainsi chacun est la chaleur de l'autre, sa tendresse, son recours. L'avions-nous oublié ?

Enfin il y a, mystérieux et furtif, le salut de Béatrice qui, selon qu'il est accordé ou refusé, tient en suspens la destinée de Dante. Geste qui sauve, qui donne vie, et dont on ne sait pas plus qu'un mot de passe. Il est de ceux qui sur terre ouvrent le Paradis.

Gratitude

Savoir remercier est plus qu'une politesse, c'est une allégresse. Avoir de la gratitude ne répond à aucune obligation mais témoigne simplement de la grâce de vivre.

À s'attarder sur ce qui manque, sur ce qui ne va pas, on s'enfonce dans la morosité et on s'appesantit. Mais à cueillir ce qui est beau, ce qui fait du bien, on s'élève au-dessus de sa condition souffrante. Plotin l'a dit bien avant moi : « Jamais œil ne verra le Soleil s'il ne se donne auparavant une nature solaire, et jamais âme ne verra le Beau si elle ne se rend belle auparavant. »

Dire merci est en soi un bienfait qui dilate le cœur et qui ouvre l'intelligence. La reconnaissance enrichit beaucoup plus celui qui la ressent que celui auquel elle s'adresse. Et pourtant, comme nous sommes avares de quelques mots, d'un geste ou d'un sourire de remerciement !

Dans la vie de tous les jours, il est cent occasions de dire merci. Non pas seulement en raison d'un cadeau, d'un avantage matériel, mais : merci de votre appel téléphonique, merci de votre écoute ; merci du jour qui se lève et des nuages très roses du soir ; merci de respirer, de marcher, merci de ce livre que je découvre, de ce regard croisé dans la rue, d'un oiseau à ma fenêtre. Merci pour les mots et pour le silence. Pour les personnes que je connais et que j'aime, pour les « amis inconnus », dont parle le poète Supervielle, qui peuplent le monde. Merci aux mimosas d'embaumer au cœur de l'hiver et merci à la neige qui adoucit toute chose.

Seul le remerciement sanctifie le quotidien, à la façon dont un sourire magnifie le plus banal visage : en l'illuminant.

Un jour, j'ai proposé à un de mes amis le pacte suivant : chaque fois que nous nous verrions ou que nous nous téléphonerions, nous devrions toujours nous annoncer une bonne nouvelle, fût-elle minuscule. En tête de mes exercices littéraires préférés vient celui de l'éloge (des larmes, du sommeil, de la grenade, du hérisson...). Que veut dire en effet aimer l'autre (homme, Dieu, hérisson...) si ce n'est le remercier d'exister et d'avoir croisé votre chemin ?

Gratuité

Le démon le plus coriace est celui de l'utilité. À tout bout de champ il demande : « À quoi ça sert ? », éliminant par là même le rêve, l'œuvre d'art, la vertu de désintéressement. Comme si seul faisait vivre ce qui est quantifiable et commercialisable.

Tous ceux qui, anonymes le plus souvent, font passer sur terre un peu d'amour, de beauté, d'espérance, paraissent ainsi de grands inutiles : ils ne produisent rien de concret, ils ne font pas tourner la machine économique et n'attendent du reste aucun bénéfice...

La beauté ne sert à rien, pas plus que l'amour ou que l'âme. Elle est ce qui sauve le mortel de la navrante utilité, de la servilité de l'emploi. Dès qu'un homme cesse de se poser la question obsédante, et obscène, de son utilité, le sens surgit et peut fleurir.

L'utilité, ce mot d'ordre produit par un monde matérialiste, n'a pas pour contraire l'inutilité, mais la gratuité – et on entre dans le monde de la valeur, de la qualité. La plus haute liberté de l'homme et son honneur aussi résident en la gratuité de ses actes. Il est donc essentiel de privilégier dans son existence tout ce qui est pure gracieuseté : les rencontres, la recherche intérieure, le silence, la musique, l'amour, tout cela qui ne peut être contraint ni récupéré. Et puis, il y a un aspect subversif, très glorieux, qui s'attache à ce qu'on fait « pour rien » – pour la beauté du geste, pour l'amour de l'amour.

Comme l'écrivait Angelus Silesius, contemporain germanique de Blaise Pascal : « La rose est sans pourquoi, elle fleurit parce qu'elle fleurit. »

Le démon de l'utilité s'évapore devant la splendeur silencieuse de la rose.

H

Hamac

Ce drôle de mot entre dans la langue française vers le milieu du XVIIIe siècle, au détour d'un récit de voyage. Depuis, il évoque immanquablement une vie indolente, alanguie, livrée aux caresses des palmes et du soleil.

Une chaise longue convient à un malade ou à un convalescent, un transat est lié à la plage et à la croisière, tandis qu'un hamac renvoie à un état de nature et de bonne santé primitive. Dormir, rêvasser ou se balancer dans un hamac composent autant d'imperceptibles activités qui distendent et déroulent le temps en anneaux infinis. Ce temps ne saurait consentir au qualificatif de vide ou de mort : ainsi que le hamac le montre, il s'agit d'un temps suspendu, celui du conte, de l'éblouissement amoureux, de l'extase mystique.

Le hamac ne porte pas à la régression. Il rappelle simplement, doucement, que toute vie est bercement.

I

Île

Dans une île on est bien parce qu'on se sent loin. À l'abri des agitations du siècle, des vanités humaines. Je parle bien sûr des îles que ne peuvent atteindre l'avion ni le téléphone et qui, bien avant de devenir une destination touristique, furent une image du Paradis.

C'est la plus belle des cellules monastiques et il convient de s'y rendre seul. De se suffire à soi-même à la façon dont l'île vit en autarcie. « Tout est en toi », c'est la première leçon prodiguée par ce séjour.

Demeurant dans une île, on se sent paisible et centré. On se fait oublier des contemporains, on échappe aux injonctions de la mode, de la croissance économique. On prend donc de la distance, une distance heureuse. Mais cette terre située entre l'eau et le ciel rappelle aussi à l'être humain sa position médiane, non pas médiocre, entre les eaux d'en haut et celles d'en bas, entre deux insondables, et elle invite ainsi à une dimension de profondeur. De là, plusieurs attitudes s'ensuivent : l'homme peut s'aventurer tout au fond, il peut aussi bondir vers les cimes célestes, ou encore faire le compte de ses propres forces, se recueillir. Le recours ne vient pas d'ailleurs, d'un bateau improbable, il est ici et en soi.

Lorsque les flots s'agitent et que le ciel est parcouru d'orages, l'île demeure stable et ferme, elle évoque une paix intérieure que rien ne saurait troubler.

Celui qui se retire dans une île manifeste son indépendance autant qu'une soif d'immensité. Il y est parti en se posant une seule question : qui est mon semblable ?

Dans les villes, dans les pays habités, on ne parle que de communiquer, de vivre ensemble, de tolérance et de solidarité. C'est épuisant et illusoire. Sur une île, l'homme n'a pas de semblable, mais, face à l'infini du ciel, à l'insondable de l'eau, il se sent empli d'égards et de révérence, frère du caillou et de l'étoile.

Imaginaire

« Je crois à la science dans la mesure où elle donne à l'homme la mesure de son ignorance, alors je dis que je crois à tout ce que l'on ne connaît pas. Ce n'est pas de l'ésotérisme. Je suis simplement convaincu que l'homme d'aujourd'hui a, bien plus que ses prédécesseurs, la certitude de l'immensité de son ignorance. L'ignorance reconnue débouche sur l'imaginaire. L'imaginaire, c'est ce qui renvoie à l'exploration passionnée du Reste. »

PIERRE SCHAEFFER

J

Jardin

« Inutile et convoité », telles sont les deux caractéristiques qui, selon Roger Caillois, rapprochent le jardin d'une œuvre d'art. L'écrivain pense au jardin planté de fleurs et d'arbustes, parfois envahi d'herbes, mais aussi au jardin de pierres impeccablement ratissé du monastère Ryôanji à Kyôto.

Le jardin est un miroir du cœur bien avant d'être un prolongement de l'habitation, lieu de délassement et de plaisir. Il reflète celui qui l'a imaginé, qui le cultive et l'entretient.

Lorsque le Ciel rend visite à la Terre, les bâtisseurs inspirés édifient une église romane. Lorsque la Terre a soif d'immensité, ils construisent une cathédrale gothique. Et quand la beauté du Paradis afflue à votre mémoire, vous créez un jardin. Pour abriter l'amour sans l'effrayer et sans vouloir l'emprisonner.

Dans le Cantique des Cantiques comme dans la chanson du gentil coquelicot, il est mentionné qu'on *descend* dans le jardin, car il s'agit bien d'un lieu intérieur. Aller dans le jardin, c'est avancer vers son propre secret et ressentir que le fond de l'être est verdoyant. Se tenir dans le jardin, c'est avoir conscience d'une joie que rien ne peut atteindre ni troubler, joie à proprement parler édénique.

J'ai un faible pour les jardins potagers, propices à la rêverie en même temps que nourriciers. En flânant dans un potager on devient poète, on s'émerveille comme un enfant. Le moindre légume semble sorti d'un conte de fées. Les formes et les couleurs si diverses ravissent l'œil. On regarde comme pour la première fois un chou, un potiron, une salade, une grappe de tomates. Leur existence est noble dans sa simplicité. Et savoureuse en soi, qu'on les croque ou non. Il y a la rhubarbe aux feuilles plus larges que des oreilles d'éléphant, les courgettes dont la fleur est jaune d'or et la peau luisante, l'oseille drue et le persil frisé. Il y a ce qui s'arrondit et ce qui s'allonge, ce qui rampe, ce qui s'enroule, ce qui se dresse, ce qui porte gousses ou graines. Et puis il y a tout ce qu'on ne voit pas et qui pousse sous terre, radis roses, carottes couleur de soleil couchant, oignons, betteraves et autres tubercules. Sans compter les frêles plants qui viennent là avec le vent – mouron des petits oiseaux, graminées, armoise – et qu'on ne saurait qualifier de mauvaises herbes. Il ne faut pas oublier non plus le petit peuple des colimaçons, abeilles, coccinelles, ni dédaigner les chenilles et les vers de terre. Tout est bienvenu, tout concourt à faire de ce lieu un monde extrêmement vivant. Au tout début de son histoire, Adam n'a pas éprouvé plus d'ivresse à dénombrer et à nommer les richesses de son Éden : ici un fraisier, là un pissenlit, plus loin la vrille des petits pois…

Le jardin de fleurs ainsi que le potager s'offrent à notre contemplation heureuse. Ceux qui les considèrent d'abord comme des lieux de production ou des garde-manger n'entendent pas ce que murmure depuis l'aurore des temps le jardin : l'homme planté sur terre a pour mission de veiller sur la croissance des êtres, d'aider à la floraison du monde, non pas de dévorer tous les biens de la terre.

Jeu

« Le travail, c'est tout ce que l'on est obligé de faire ; le jeu, c'est tout ce qu'on fait sans y être obligé. »

Marc Twain

« De même que Dieu joue pour lui avec le temps du monde extérieur, de même l'homme intérieur et divin devrait jouer en ce monde avec l'homme extérieur dans les merveilles révélées de Dieu… »

JAKOB BÖHME,
Mysterium Magnum

Jeunesse

« Le signe de la jeunesse, c'est peut-être une vocation magnifique pour les bonheurs faciles. Mais surtout, c'est une précipitation à vivre qui touche au gaspillage. »

ALBERT CAMUS,
Noces

« La jeunesse est l'état d'un homme qui porte et emploie avec aisance et gloire une force qui le rend inutile à tout sauf aux dieux. »

JEAN GIONO,
Triomphe de la vie

L

Légèreté

Petite fille, je pensais que les nénuphars flottaient librement à la surface des étangs et dérivaient au fil de l'eau. Puis j'appris un peu de botanique et compris que ces plantes d'apparence insoucieuse étaient pourvues de longues racines : sous leur abandon de façade, elles étaient bien amarrées. Du coup, je les aimai moins.

La culture asiatique, surtout japonaise, a su envisager le monde et les êtres vivants dans la fragilité de leur fugace beauté. Contempler le « monde flottant » revient à se donner tout entier au moment présent, à le savourer comme il convient. Grâce au sentiment de l'impermanence, tout instant devient inoubliable. Mais, du côté occidental, le même sentiment engendre davantage de mélancolie et rappelle à l'homme sa mortalité insupportable : « Tout est vanité », rappelle le Qohélet, tandis que le poète Pindare assure que l'homme est « le rêve d'une ombre ». Au VIe siècle avant l'ère chrétienne, le grec Simonide compose ce poème élégiaque :

Demain, n'y compte pas.
Ce frêle bonheur d'homme,
N'espère pas qu'il dure en ce monde agité,
Car tout passe, tout fuit, tout nous échappe
Comme un vol de libellule au fond d'un soir d'été.

Et pourtant, que la libellule est belle ! À son image, tout homme heureux se sent pousser des ailes. S'il ne vole pas, il avance sur un nuage, dans des irisations de lumière. Tout en lui devient léger : ses pieds glissent sur le sol, ses mains égrènent des caresses et son regard effleure les choses au lieu de s'en saisir. Son univers semble fait de vapeurs, de rosée, de clair de lune et de bulles de champagne. Un homme heureux ne pèse pas. Son existence passe souvent inaperçue parce que tout en lui est devenu aérien, presque céleste.

Le mythe et l'histoire ont gardé trace de quelques déclarations d'amour sublimes. Non pas des lettres enflammées ni des actions héroïques, mais des gestes qui allient le furtif à l'éternel. C'est Pâris qui, renversant un peu de vin sur la table, trace d'un doigt tremblant les mots qui avouent à Hélène son désir naissant. C'est la femme passionnée que le Coran nomme Zalikha : follement éprise de Yusuf (le Joseph de la Bible vendu par ses frères), elle écrit avec son propre sang les mots qui la brûlent. Et c'est aussi la Grande Mademoiselle, très amoureuse de Lauzun : elle entraîne le bel homme devant une glace du château de Chambord et, soufflant sur le miroir, inscrit sur la buée le nom de l'élu de son cœur… Cette légèreté de manière signe une très grande élégance et la délicatesse extrême du geste apparaît l'unique façon de garder hors du temps les instants précieux.

La légèreté se trouve à mille lieues de l'esprit superficiel ou désinvolte : elle consiste à tout traverser, à tout éprouver, à ne rien retenir.

Liberté

Filippo Lippi était du vif-argent. Avant de devenir le peintre renommé que s'attachèrent les Médicis de Florence et qui enseigna son art à Botticelli, il fut moine, ayant prononcé ses vœux dès l'âge de quinze ans. Puis il sortit du monastère mais garda l'habit. Il voyagea, eut quelques démêlés avec les autorités ecclésiastiques. Ensuite, établi comme chapelain, il enleva une religieuse dont il s'était follement épris – c'était en 1456 – et lui fit un enfant, Filippino, qui devint peintre lui aussi. Rien ne pouvait enfreindre sa liberté d'allure, son goût de vivre. Pour qu'il vînt à bout des tableaux commandés par les Médicis on tenta de l'enfermer, mais le peintre s'échappait par la fenêtre. À la fin, le grand Cosme eut ce mot : « Qu'on lui laisse la porte ouverte. Les hommes de talent sont des essences célestes, il ne faut en rien les contraindre. »

La véritable liberté octroie une félicité sans bornes et s'avère éminemment créatrice. On peut lui dresser des statues, lui dédier chants et poèmes, mais nul maître, aucune école ne peut l'enseigner.

Un homme libre ne se contente pas de faire ce qu'il veut : il pense par lui-même, exerce son jugement, il écoute les élans de son cœur et fait confiance à son intuition ; et il choisit de vivre sans imiter et sans se renier.

Il existe une expression très juste : « libre comme l'air. » Cela signifie qu'un être libre se trouve à la fois partout et nulle part, qu'il ne se fige ni ne pèse, et qu'il passe léger, voire incognito, sur cette terre.

La plus grande liberté se révèle sans objet, sans désir. Il ne s'agit plus de se délivrer de ceci, de s'affranchir de cela ; ni de s'opposer ni de revendiquer. L'unique liberté se lève lorsque l'individu n'a plus rien à prouver, personne à contredire. Dès lors, les rébellions, les conduites marginales ne sont plus nécessaires : l'être suit le mouvement de la vie qui échappe et, se trouvant dans la pure grâce d'être, il se renouvelle infiniment. Cette liberté est quasiment divine.

« Seul ce qui est libre peut connaître la joie. Il n'y a pas de joie dans ce qui n'est pas libre. Seule la liberté est joie. Mais il faut désirer comprendre la liberté », énonce le septième chapitre de *Chandogya Upanishad.* À quoi l'impénitent Diogène fait écho : « Seul l'homme libre est capable de bonheur. »

Livres

La belle phrase de Borges me convient tout à fait : « Que d'autres se vantent des pages qu'ils ont écrites, moi je suis fier de celles que j'ai lues. »

J'ai su lire très tôt et, toute petite, j'annotais déjà mes livres d'enfant, j'écrivais mes menues réflexions en marge des *Babar* et des *Contes de Grimm*...

La passion des livres ne m'a jamais quittée et je dois à la lecture les rencontres les plus belles de ma vie. Il y a les livres que l'on dévore, ceux que l'on déguste, ceux qu'on réserve pour plus tard, ceux qu'on ouvre en tremblant parce qu'on pressent une irréversible brûlure. Il y a ceux que l'on offre à ses meilleurs amis, ceux que l'on ne prêterait pour rien au monde, ceux que l'on garde près de son lit. Comme Bachelard, j'imagine que le Paradis est une gigantesque bibliothèque et, fantasme innocent mais tenace, j'aimerais me laisser enfermer la nuit dans une vaste librairie – ou bien, à défaut, dans une boutique de fleurs.

Je rêve d'une grande maison, d'un appartement immense, non pour moi mais pour pouvoir y ranger mes livres tout à loisir et pour accueillir dignement tous ceux qui viendront. Actuellement, non contents de s'entasser en double rangée sur les rayonnages, ils commencent à s'empiler sur le parquet, ils escaladent les rares meubles, ils envahissent la chambre. Ils se rapprochent de moi doucement, irréversiblement, ils m'entourent, ils m'enserrent, peut-être finiront-ils par occuper tout l'espace, par me chasser sur le palier.

Sans doute est-ce une belle mort que de terminer ses jours, étouffée par ses livres chéris comme dans l'étreinte d'un boa constrictor mais amoureux. Ou encore d'être emmurée vive entre leurs parois de papier. « Qu'est-ce que la littérature, se demandait Alberto Savinio, sinon une vie plus élevée et une forme supérieure de bonheur ? »

Loisir

Les anciens Grecs et Romains faisaient une nette distinction entre le travail, nécessaire à la subsistance, et le loisir, consacré à l'étude et à la substance. Ces deux temps rythmaient une vie d'homme mais le loisir, permettant la réflexion et la connaissance, s'avérait bien supérieur. C'est ainsi que les affaires, le négoce *(negotium)* s'opposent au loisir *(otium)*, et non l'inverse.

L'otium n'a rien d'oisif, c'est le temps libre et

personnel de la contemplation et de la conversation, un temps offert aux livres et aux amis. C'est une manière de vivre à la fois discrète et profonde, tournée vers la rencontre et le questionnement. Il n'est pas de philosophie possible sans otium.

Certes, il n'enrichit pas son homme mais il lui apprend la frugalité qui consiste non pas à se priver mais à apprécier les choses simples et à s'en contenter. Afin de ne pas dépendre du monde, des biens matériels, afin de devenir libre.

On est à peu près sûr que Platon, Athénien de noble extraction, paya son voyage de recherches en Égypte en vendant l'huile épaisse de ses oliveraies. Cette précision me plaît – l'arbre d'Athéna servant à financer l'étude de la sagesse. Et elle montre avec éclat l'inversion dans laquelle s'est précipité le monde moderne. Au lieu de travailler pour assurer un minimum vital et d'investir les richesses acquises dans le temps libre et studieux de l'otium, on fait aujourd'hui des études afin d'obtenir un travail bien rémunéré. Ce qui était finalité et conférait un sens à la vie (l'élévation et l'affranchissement de l'homme par la connaissance et la contemplation) s'est vu déchoir en moyen pour gagner de l'argent et s'enfoncer davantage dans le matériel. On parvient alors à cette absurdité : la plupart des citoyens des pays riches ont envie de gagner de l'argent à seule fin de le dépenser ou de l'amasser. La civilisation promise des loisirs est tout sauf légère et gracieuse puisqu'elle consiste à consommer encore plus et à dépenser davantage. On comprend que les plus intelligents, tel Guy Debord, fussent pris de désespoir.

Depuis Lénine et sa terrible sentence (« La liberté, pour quoi faire ? ») on n'a guère avancé. Que faire du loisir ? Référons-nous à Horace et Cicéron, Pline le Jeune, Diogène, Épictète... L'otium est un temps pour écouter, pour apprendre, pour se recueillir et pour élargir son horizon, un espace propice à la rencontre, à l'échange cultivé, à l'affection. C'est une ascèse choisie pour forger son âme, faire reculer ses limites et ses peurs, pour se ressouvenir de l'éternité ; et c'est aussi aimer, savourer la beauté présente, faire silence, écrire, chanter. C'est le meilleur de nous-mêmes et le plus précieux de l'existence – une part qui s'avère inachetable mais non point inaccessible.

Et c'est un temps heureux. Tous les hommes qui ont élu l'otium comme régime de vie en témoignent, mais ces voix ne sont guère entendues dans un monde affairé. « Le savoir est de beaucoup la portion la plus considérable du bonheur », assurait cinq siècles avant Jésus-Christ le grand Sophocle. Dans une lettre datée du 28 janvier 1665, Spinoza a du mal à contenir sa joie, lui, le modeste locataire d'un petit appartement, lui qui s'est fait polisseur de lentilles afin de philosopher librement. Il écrit : « Le bénéfice que j'ai retiré de mon pouvoir naturel de connaître – pouvoir que je n'ai jamais trouvé en défaut – m'a rendu heureux. » En dépit d'une vie amoureuse riche et mouvementée, Madame du Châtelet donnera aux sentiments et aux engouements une place secondaire : « L'amour de l'étude est de toutes les passions celle qui contribue le plus à notre bonheur », affirme-t-elle dans son *Discours*.

Ni aigrie ni ingrate, la belle Émilie sait par expérience que, si le désir donne des ailes, l'étude apprend à voler.

Luciole

Les nuits d'été, si l'on se trouve à proximité d'une rivière ou bien dans l'herbe humide, tout particulièrement en Italie et au Japon, on peut avoir la chance d'assister à un ballet d'étoiles éphémères et miniatures. Ce sont des lucioles, elles comportent de nombreuses espèces et émettent une lueur intermittente tandis que le ver luisant, dépourvu d'ailes, brille en permanence d'une lumière verte et froide. Pour le dévot Paul Claudel le ver luisant est « un ermite du gazon qui allume tous les soirs sa petite lanterne pour lire dans son bréviaire minuscule », mais pour l'enfant c'est un magicien qui opère sans chapeau.

Je me souviens encore de mon ébahissement lorsque, à Kandy, ville du Sri Lanka où l'on vénère la Dent de Bouddha, je vis apparaître dans ma chambre d'hôtel de minuscules engins volants avec feux clignotants. Je mis quelque temps à comprendre qu'il s'agissait de lucioles. Je ne savais pas alors que cet insecte lumineux se nourrissait de nectar et de rosée (« je suis ce que je mange… »).

Dans la tradition poétique japonaise la luciole est très présente et les dix-sept syllabes du haïku tentent d'en retenir l'éclat ou le mirage. Ainsi dans ce poème de Ryusûi :

L'enfant perdu
qui pleure pleure
mais court après les lucioles.

Tandis qu'un haïku d'Aon note froidement :

Quand l'aube pointe
la luciole devient un insecte.

Lumière

Le Greco disait qu'il ne voulait pas sortir parce que la lumière du jour troublait sa lumière intérieure. Avant lui, les peintres qu'on appelle Primitifs ont invariablement représenté leurs scènes sur des fonds d'or. Sans nulle ombre. Tous s'abreuvaient à cette source originelle, à cette mystérieuse lumière qui veille sur le monde.

Nous sommes si habitués à la lumière que nous ne la remarquons plus. Certains croient même que la fée électricité en est l'exact substitut. Cependant, en hiver, quand les jours raccourcissent et que le soleil se cache, les gens dépérissent, leurs peines durent plus longtemps. Ils se sentent malheureux sans raison véritable. En fait ils sont malades, certains inconsolables, de la lumière enfuie.

Car elle est fragile, impalpable, ténue. Et pourtant, chacun de nous est persuadé qu'elle a toujours été là, comme la moindre des choses, qu'elle nous a donné vie, qu'elle ne quittera pas la Terre. On la confond avec le jour, avec l'éclat du soleil, mais elle sourd de partout. Elle est dans l'aube, le feu, l'orage, la pénombre ; il y a la clarté de la lune, le scintillement des étoiles, la lueur qui émane des nuages, la lumière de l'eau et celle qui vient avec le soir. Elle brille sur certaines pierres, sur diverses feuilles. Elle est dans les chevelures, au creux des mains, elle déborde des yeux. Tantôt elle adoucit et enveloppe, tantôt elle fulgure et déchire, tantôt elle ruisselle et se prodigue. Elle est partout et nulle part, comme une folle espérance et une joie imprenable.

À juste titre, Marsile Ficin, le philosophe platonicien de Toscane, disait de la lumière qu'elle est « le rire du ciel ».

M

Maison

Le mot rassemble autour de lui, comme la poule ses poussins, des images de douceur, de calme, de chaleur et de protection. Au nom de ces bienfaits imaginés, beaucoup de personnes rêvent d'habiter ou d'acheter une maison. L'enfance n'est jamais loin. Elle est tapie au détour d'un couloir, elle se tient dans la fraîcheur du jardin.

La maison de mon enfance n'était pas somptueuse mais elle était dotée d'escaliers et de cheminées, d'une cave, de coins et de recoins – tous ces lieux où l'imagination vagabonde, où l'âme se fortifie. De plus, à l'arrière se trouvaient un jardin et un vaste verger tandis que, devant, la Marne coulait avec des menaces d'inondation saisonnière. Je me souviens surtout du jardin qui, outre sa tonnelle de roses, gardait quelques vestiges d'ornementation à la manière du XIXe siècle : une grotte, un puits, quelques vasques et statuettes. Il y avait en particulier un petit personnage de pierre que l'hiver j'habillais, de peur qu'il ne prenne froid. (J'aime toujours les statues et dans mes rêves, comme dans les films de Cocteau, elles s'animent et marchent d'un pas souverain...) Parmi les arbres à fleurs se trouvaient des lilas violets, un seringa à l'odeur merveilleuse, et ces drôles de « boules de neige » qui fleurissent tôt dans l'année et dont j'apportais fièrement un bouquet à la maîtresse d'école. Les roses des massifs et de la tonnelle s'épanouissaient début juin et j'en effeuillais un bon nombre à l'occasion de la Fête-Dieu, une célébration d'allure assez païenne : on emplissait de pétales parfumés, frais cueillis, une jolie corbeille que retenait à mon cou un ruban de satin et, ainsi parée, j'allais répandre sur les autels dédiés au grand Dieu des poignées de roses parmi les chants et les vapeurs d'encens...

Cette maison était apte à abriter et à sécréter des rêves, de multiples émotions. Elle était vraiment bachelardienne. À Pâques, tout naturellement les cloches faisaient tomber des lapins et des œufs en chocolat dans le jardin et parvenaient même à les cacher. En décembre, bien sûr, le Père Noël ne pouvait pas nous manquer puisque dans le salon trônait une accueillante cheminée. La maison recelait aussi, comme dans les contes de fées, des frayeurs et des étrangetés à côté des merveilles : c'est la Marne qui monte, qui déborde, qui déjà emplit la cave, qui fait les draps humides ; c'est, sur la cheminée, une statuette en bronze figurant un écolier avec une toupie en main, il me fait peur, je suis sûre qu'il va me prendre pour cible… Et puis, il y a tout en haut ma chambre. Minuscule, envahie d'ours et de poupées, et dont la fenêtre donne sur le fleuve. Les murs y sont couverts d'un papier peint inspiré des fables de La Fontaine en motifs récurrents. Je suis trop petite pour connaître ces récits mais je distingue bien ici un renard, là une cigogne, plus loin un corbeau (il tient un gros soleil jaune dans son bec), et aussi un agneau, près d'un ruisselet. Mais revient avec insistance une figure noire, un loup qui, à coup sûr, va sauter sur l'agneau et le manger tout cru. Alors, pour empêcher ce destin cruel, j'arrache du papier peint tous les loups sombres. L'agneau est désormais tranquille, il peut se désaltérer tout à son aise…

Ma seconde maison d'enfance – j'ai alors une dizaine d'années – ressemble à un gros cube. Toute sa fantaisie tient en son jardin et en sa cave. Une cave qui abrite avec bienveillance les provisions de charbon, les tonneaux de vin, les confitures et les fromages, sans oublier les bulbes de jacinthes et de tulipes sur lesquels le chat aime bien dormir et qu'il semble couver.

Non loin du chat assoupi rôde une petite souris attirée par l'odeur du fromage, une fourme d'une quinzaine de kilos que mes parents prévoyants ont fait rentrer pour l'hiver. Le chat dort, bien nourri, et la souris commence à prélever sa dîme sur le fromage de Beaufort destiné aux humains. Un jour, ma mère découvre la bestiole attablée au beau milieu de la fourme et, sans rancune, découpe pour elle aussi une tranche. Il faut bien que tout le monde vive. Je vous l'ai dit, la cave est un lieu généreux.

Le second jardin, plus petit et plus strict que le précédent, possède quelques beautés : un poirier qui donne en abondance des poires « curé », un fruit quasiment disparu, une haie de framboisiers prolifique, une rangée d'iris violacés, un potager et un carré de fines herbes – et le chat choisit cette fois le buisson de thym pour y somnoler au soleil.

L'été, j'aime marcher pieds nus dans le jardin, lire allongée sur la pelouse. Observer les fourmis, les perce-oreilles, les piérides du chou. Parfois on sort un grand baquet plein d'eau qui chauffera au soleil, cela fera un bain naturel et délicieux. Ou bien on allume un feu en plein air pour brûler les mauvaises herbes et les branchages secs : je danse autour de lui, me moquant bien de l'odeur de fumée, et j'entends les paroles inévitables : « Qui aime le feu périra par le feu… »

Le plus clair de l'enfance tient en ces instants tout simples, en ce pur plaisir de vivre.

Marcher

Dès que l'on marche quelque temps, sans but précis et à son rythme, on se surprend à chanter ou bien à siffloter. Le marcheur est joyeux sans raison particulière mais du simple fait qu'il respire largement, qu'il renoue avec son corps et qu'il accorde de l'attention au monde qui l'entoure. Plus il avance et plus il devient poreux. Ses plantes de pied lui font reprendre contact avec la terre mère et le grand air nettoie ses pensées et ses ruminations diverses. Il se retrouve à la fois enraciné et vacant. Il peut dès lors entrer en relation avec l'arbre, la pierre, le vent, la lumière, jusqu'à se fondre en eux.

L'homme qui au lieu d'utiliser un véhicule se déplace sur ses deux pieds ne se contente pas de découvrir la nature : il ressent qu'il fait partie d'elle et cette sensation est apaisante. Autant dire qu'il accepte sa mesure humaine, sa juste place et sa vulnérabilité : il n'est pas plus fort ni plus important que le rocher, le buisson, l'oiseau.

À force d'arpenter la forêt, le désert ou la campagne, on finit par ressembler au paysage. L'homme de passage qu'est le marcheur porte une part du monde mais sans forfanterie, sans laisser de trace. Les individus qui se croient puissants et civilisés caparaçonnent leur ego dans une clinquante automobile. Mais la liberté est du côté de la marche : aller à pied, c'est s'oublier pour s'élargir peu à peu aux dimensions de l'univers.

Aristote donnait ses leçons en se promenant avec ses disciples sous les portiques du Lycée : aussi qualifia-t-on sa philosophie de péripatéticienne. Socrate arpentait les rues d'Athènes, Diogène refusait d'avoir un domicile fixe et bon nombre de philosophes grecs préféraient se déplacer ici et là plutôt que de s'enfermer dans une tour d'ivoire. En marchant, ils réfléchissaient ou bien conversaient avec leurs disciples. Ils avaient compris que la véritable intelligence demande la participation de tout le corps, de l'espace même, et qu'elle ne saurait se réduire à la pensée. Une philosophie en marche congédie tout système, elle est ouverte au possible et au questionnement, elle appelle à se transformer incessamment et à se volatiliser, ce qui est le comble de l'harmonie. Voilà pourquoi Socrate n'a pas plus écrit que Jésus.

Tchouang-tseu, quant à lui, nous livre une évidence salutaire : si l'homme peut marcher sur la terre immense, ce n'est pas tant à cause de ses pieds que grâce à tout l'espace qu'il n'occupe pas.

Mots

J'ai toujours aimé cueillir des mots. J'en ai dressé des listes pour les savourer en secret ou les utiliser au moment opportun. Je conçois que l'Éternel du *Zohar* ait créé le monde en convoquant d'abord les lettres (Aleph, Beith...) et en bâtissant les mots bien avant le visage humain, avant le firmament et la branchie du poisson.

On naît dans une langue avant de naître dans une famille, dans un pays. Je n'aurais pu m'exiler loin de la langue française, même en une contrée splendide mais qui ne la connût et ne la parlât point. Et je comprends qu'un Italien, un Thaïlandais ou un Bambara réagisse de semblable façon : il ne s'agit pas là de nationalisme, c'est l'expérience intime que la langue natale est aussi importante que l'air qu'on respire, que l'eau qui désaltère.

Si j'avais été Noé, j'aurais embarqué dans mon arche tous les mots, non seulement ceux que je connais, que j'affectionne, mais les vocables de l'humanité entière, ses dialectes, ses patois, ses jargons. En premier lieu j'aurais sauvé les mots, ces êtres puissants, garants de vie. Et la tristesse me prend lorsqu'en feuilletant des dictionnaires récents je constate que certains termes deviennent « obsolètes », tombent en « désuétude » (deux admirables mots !) et qu'ils disparaissent à jamais de l'horizon des hommes. Faut-il prier pour ces mots congédiés, déclarés inutiles comme des vieillards ? Ou inventer pour eux, plus qu'une maison de retraite, une réserve naturelle – non : une réserve culturelle ?

J'aime les mots – partant, les livres, les poètes, les lexiques, les cartes géographiques, les dictionnaires. Je les aime pour leur sonorité, pour leur robe, pour la gourmandise et la joie qu'ils procurent, pour leur puissance magique autant que pour ce qu'ils désignent. Je vois encore l'air émerveillé de ma filleule, alors toute petite, répétant « étagère » qu'elle entendait pour la première fois et me disant : « Étagère, c'est un beau mot ! »

Marcel Proust s'est attardé en de délicieuses rêveries sur « les noms de pays » – qui fournissent à la fois le titre de la troisième partie de *Swann* et de la deuxième partie des *Jeunes filles en fleurs*. Il a inventé Balbec et Guermantes, Forcheville, Méséglise et Combray, et il a longuement retourné en son cœur les noms de Parme, de Venise, de Florence. L'enfant Marcel feuillette un grand livre d'images, mais l'écrivain tient une plume précise : « Bayeux si haute dans sa noble dentelle rougeâtre et dont le faîte était illuminé par le vieil or de sa dernière syllabe ; Vitré dont l'accent aigu losangeait de bois noir le vitrage ancien ; le doux Lamballe qui, dans son blanc, va du jaune coquille d'œuf au gris perle ; Coutances, cathédrale normande, que sa diphtongue finale, grasse et jaunissante, couronne par une tour de beurre… »

Je vous offre quelques mots, puisés parmi ceux que l'on appelle avec un peu de mépris noms communs mais qui brillent chacun d'un éclat singulier : ambre coquelicot muscat balsamaire majesté véhémence verveine ogive meringue lisse cédrat olifant nébuleuse libellule poudroiement verrière embellie giboulée ardent pâle ocellé socque haubert scintiller bigarade losange porcelaine orbe fournaise délacer splendeur savon girandole échelle sachet rhizome damasquin lévrier froisser bruire écorce commissure syzygie fraisier nacre corymbe ombelle paupière s'appuyer encre soyeux roche mimosée hippopotame borborygme insoucieux altier métaphore oxymoron respir occurrence pechblende boulingrin moire vasque épaule balbutier orpailleur potron-minet aigu hiver ovale demeure sangloter catéchumène estuaire fièvre ardoise brimborion pataud peuplier bougon dodu glouton bronchiole minéral argile pavane misaine gant saline acquiescer ineffable frisson poussière cinnamome vignoble obscur hausser écorce solitude prairie carquois chrysoprase déchirure batailler hirsute grivèlerie onagre graminée pourpre faveur aube vous…

Je pourrais ajouter des mots venus de l'ancien français tels que : sobramar, chevance, passerose, pourpenser, méhaigné… Et je ne saurais passer sous silence l'extraordinaire invention de Humpty Dumpty, alias Lewis Carroll, que constitue le « mot-valise » qui inclut plusieurs significations et détient un pouvoir sonore irrésistible. À titre d'exemple, le poème intitulé « Bredoulocheux », dont voici la première strophe dans la traduction inégalée de Henri Parisot :

Il était reveneure ; les slictueux toves
Sur l'allouinde gyraient et vriblaient ;
Tout flivoreux vaguaient les borogoves ;
Les verchons fourgus bourniflaient.

Je rêve d'une ordonnance médicale qui, au lieu de vitamines et d'antidépresseurs, prescrirait certains mots adéquats, des mots à psalmodier, à répéter tout bas ou à porter contre son cœur. Je suis persuadée que certains vocables sont aptes à consoler, à revigorer, à rétablir l'harmonie, pourquoi pas à rendre amoureux. Non par ce qu'ils signifient mais par leur énergie propre. Déjà Eschyle évoquait, dans son *Prométhée enchaîné*, certains « mots médecins ». Mais qui lit encore ce Tragique ? Et qui se soucie de délivrer le Titan généreux ?

Musique

« Que Dieu me donne d'entendre toujours et de faire entendre aux autres jusqu'à la griserie l'immense musique des choses. »

TEILHARD DE CHARDIN
(lettre à sa cousine, écrite en 1926)

Mystère

Je doute de tout sauf du mystère. J'avance ainsi entre la gravité et le ravissement.

N

Neige

Les scientifiques ont un savoir précis. Ils affirment que chaque année tombent sur la Terre des millions de milliards de milliards de flocons. À ma modeste échelle je n'ai pu vérifier. Mais voir tomber la neige emplit l'âme d'une grande paix et d'une joie incompréhensible, et cette image de puissante douceur me fait immanquablement penser à l'amour. Un amour sans visage et sans nom qui oriente et protège ma menue existence.

La neige est une des merveilles de la nature et chacun de ses flocons, unique, est un condensé de minutieux miracles. Même en ville, un paysage blanc incite au silence, à la délicatesse. À cette occasion, les humains peuvent prendre conscience qu'ils ne cessent de piétiner la Terre, de faire mal à son corps velouté et si tendre…

On peut aussi prendre le parti d'en rire et se livrer à toutes sortes de jeux : lancer des boules de neige, confectionner un bonhomme, tracer des signes cabalistiques sur la page blanche. Mais ces pratiques ne sont pas toujours innocentes. On se souvient du coup au cœur que reçut Clément Marot en même temps que la boule jetée joyeusement par la jolie Anne. La neige brûle, assura le poète.

« Il y a dans toute beauté une interdiction de toucher », écrit Paul Valéry au sujet de la feuille blanche qui appelle et tient à distance. De même, la neige invite à la révérence. En fondant irréversiblement elle murmure que le rêve et la retenue sont plus puissants que la capture. C'est un message courtois. Aussi n'est-il pas étonnant que vers l'an mille au Japon, à la période raffinée de Heïan, la poétesse Izumi Shikibu ait de son pinceau tracé ces quelques lignes :

Que faire si celui que j'attends
Venait à passer maintenant ?
La neige blanche du jardin,
Il serait dommage de la fouler…

Nounours

Saint Ours, personnage assez obscur mais dont le culte est attesté, et saint Ursin, premier évêque de Bourges, passèrent sur la terre bien avant Teddy-bear. Et la Petite Ourse et sa mère voyagèrent dans le ciel bien avant d'être rejointes par sainte Ursule et ses onze mille compagnes. Mais, force est de le reconnaître, l'ours en peluche – ou nounours – demeure une invention géniale du XIXe siècle, et c'est ce que les Américains ont apporté de mieux à l'humanité. (Je rappelle que c'est en hommage à Théodore Roosevelt, chasseur impénitent ayant un jour épargné un ourson, que Teddy l'ours fut créé.)

Aujourd'hui on se demande comment des milliards de petits d'hommes purent se passer d'un nounours. Comment, sans sa présence, ils apprirent la douceur, le réconfort, les bisous, les secrets chuchotés, la confiance et le sommeil. Comment, sans lui, ils apprivoisèrent le bonheur.

L'histoire montre, du reste, que les plus évolués des hommes – on les appelle des saints – vécurent en compagnie d'un ours : le moine irlandais saint Colomban, puis son disciple saint Gall au IVe siècle, en Russie saint Serge de Radonège... Sans oublier saint Onuphre, un des Pères du désert de Thèbes qui vécut dans une grotte sans jamais couper sa barbe ni ses cheveux. Tout velu mais s'exprimant d'une voix douce, l'ermite-ours impressionna fort un visiteur et le nom, Onuphre, lui resta, qui est à l'origine du prénom Humphrey.

Bien plus tard, en Pologne, Issahar Baer Radoshitz fut un grand hassid mais il gardait sa simplicité, s'appelant lui-même « Berl », autant dire « Ourson » en yiddish. Parce que autrefois il s'était montré glouton, ou parce qu'il dansait de bon cœur, ou parce qu'il avait trop longtemps dormi avant de voir la lumière...

Le nounours cumule les rôles, les sexes, et en qualité d'entité éternelle il est sans âge et forcément sans nom. Il est un père puissant et inoffensif, un soutien sûr, il est également une mère prévenante, pleine de douceur, toujours présente, ou encore un petit frère taquin, une grande sœur à qui on fait des confidences. À volonté il tient le rôle de nourrice, d'infirmière, de camarade de jeux ou de marchand de sable et, avec son ventre rond et ses oreilles bien ouvertes, il paraît aussi sage qu'un Bouddha et aussi gourmand qu'un épicurien. Bref, il est beaucoup plus qu'un jouet – poupée, train, mécano...

Il est à l'abri de la vieillesse, de la décrépitude. Ses seules maladies viennent de trop de caresses, de baisers mouillés et répétés : peau râpée, éborgnement voire éventration en raison de cauchemars et de chagrins partagés, amputation d'une patte à trop se balancer, ou encore museau délavé, oreille arrachée lors de danses endiablées...

Je ne cultive pas la nostalgie ni les souvenirs d'enfance mais j'ai gardé avec moi l'ours en peluche que mon père m'offrit lorsque j'eus un an. Il a les yeux bien ronds, en boutons de bottine, le nez relevé, malin, un fin sourire, un museau noir usé de petits baisers, à peine de griffes brodées. Son pelage est rosâtre, légèrement galeux (toujours cette lèpre de l'affection !), ses oreilles merveilleusement rondes, doublées de bleu, sa panse modérée et ferme. C'est lui, mon alter ego, mon inséparable. Il est ma plus sûre image : il me rappelle mon âge civil – que j'ai tendance à oublier – tout en reflétant dans ses yeux étonnés couleur de châtaigne mon visage d'enfant.

Regardez bien autour de vous : le monde est plein d'ours. Des ours à peine masqués, des ours poétiques, géniaux, débonnaires : *Orson* Welles, *Urs* von Balthasar, Juvénal des *Ursins*, Eugenio d'*Ors*, Emmanuel *Berl*, etc. Auxquels j'ajoute Platon. Pas seulement en raison de ce surnom qui signifie « large », « corpulent », mais surtout parce que seul un ours philosophe pouvait inventer le mythe de la Caverne.

L'histoire de Boucle d'Or demeure le plus joli conte que je connaisse et elle ne peut pas plus prendre de rides que le front des ours en peluche. Au fond, c'est l'histoire peu morale d'une fillette qui préfère de loin son nounours à toute sa famille. Plus tard, la fable de Boucle d'Or offre encore une consolation puissante : il est doux, lorsqu'on respire parmi les humains inhospitaliers, de savoir qu'il existe au fond des bois ou au fond des nuits étoilées une maison paisible, toujours ouverte, où des ours – au moins un – vous accueilleront avec leurs pattes veloutées et leurs bons grognements. Là, tout est bien… C'est juste comme il faut.

Nuit

« Souvent, il me semble que la nuit est bien plus vivante et richement colorée que le jour. »

VAN GOGH

O

Oiseaux

Le Coran a cette phrase énigmatique : « Nous avons attaché à chaque homme son oiseau au cou. » L'oiseau désigne-t-il ici l'âme, le destin personnel, la fragilité de la créature ou sa possibilité d'envol ? S'agit-il de trancher le fil qui retient l'oiseau mais sans le blesser ni entailler le cou de l'homme ? Fine manœuvre…

Les oiseaux sont mes amis. Ils viennent sur le rebord de la fenêtre, ils passent souvent dans mes rêves et ils traversent les pages que j'écris. Une vie sans oiseaux serait sinistre.

Mais voici : j'aime les oiseaux *et* les chats. À ce jour, je ne connais entre eux aucune possibilité de coexistence, contrairement à certains chiens et chats vivant joyeusement ou philosophiquement ensemble.

Si c'était cela, l'énigme proposée par la dix-septième sourate ? Le chat rusé et prédateur – on peut dire aussi : l'homme – menace sans cesse l'oiseau de l'intériorité. L'extériorité étouffe ou dévore l'oiseau de l'âme et pourtant ils sont tous deux, pour un temps du moins, inséparables, ils sont indispensables l'un à l'autre comme le corps à l'âme.

Dans un poème tout simple Francis Picabia dénoue à sa façon l'histoire d'un couple passionnel :

Les chats qui regardent les oiseaux
ont des yeux qui méditent
les oiseaux qui regardent les chats
ont des yeux qui doutent
les miens se ferment
pour penser aux miracles.

Ombre

Elle ne recèle pas les frayeurs de l'obscurité mais se montre accueillante, propice. « L'ombre est fraîche en été et chaude en hiver », note très justement Malcolm de Chazal.

Elle apparaît aussi comme la doublure légère des choses et des êtres, elle atteste leur présence en même temps que la lumière qui les enveloppe. Tant que notre ombre mouvante se projette sur le sol, sur les parois, nous avons un corps et nous sommes vivants.

Une légende veut que le premier dessinateur fût un jeune homme amoureux : voyant passer sur un mur l'ombre de sa bien-aimée, il désira en conserver les contours…

Il est deux ombres que j'affectionne particulièrement : celle d'un roi, celle d'un âne. La première passe dans la légende de *Tristan et Iseut*. Les deux amants se retrouvent souvent au bord de l'eau, sous un pin, mais le méchant Frocin les épie puis les dénonce au roi Marc. Lors d'un rendez-vous, Tristan et Iseut s'apprêtent à échanger des paroles douces et ardentes, mais la jeune femme aperçoit « l'ombre du roi dans la fontaine » et dès lors elle adopte une attitude distante pour ne pas se trahir.

La seconde a son poids et son prix dans la Grèce antique où certains loueurs d'ânes faisaient payer à leur client un supplément les jours de grande chaleur, sous prétexte que le voyageur utilisait non seulement la monture mais, lors des haltes, l'ombre de l'âne pour se protéger du soleil… L'expression est devenue proverbiale : « l'ombre d'un âne » désigne un presque rien mais n'est pas pour autant quantité négligeable.

Oranger

On imagine sans peine l'émerveillement suivi de convoitise qui s'empara des voyageurs venus d'Europe lorsqu'ils découvrirent en Chine – on disait alors Cipaye – l'arbre aux fruits d'or et la senteur exquise de ses fleurs. Ils importèrent l'oranger dont les fruits avaient saveur amère et ils l'acclimatèrent en leurs pays à partir du XIVe siècle, tandis que les navigateurs portugais importèrent l'oranger doux au début du XVIe siècle.

Dans la France de la fin du Moyen Âge, on vaporise les vêtements et les tentures des châteaux avec de l'eau de fleur d'oranger et de nombreux mets, y compris les viandes, sont accommodés avec des oranges. Les belles et sages dames de l'abbaye de Thélème se parfument à la fleur d'oranger puis c'est Louis XIV qui fait des folies pour l'arbre solaire, pour son éclat autant que pour l'odeur qu'il dégage. Ainsi naissent les orangeries qui demeurent aujourd'hui des lieux de clair bonheur tandis que les orangers en caisson offrent l'image d'un Paradis à portée de la main, presque portatif.

L'oranger a cette particularité qu'il porte des fleurs et des fruits tout à la fois et que ses feuilles vernissées persistent en hiver : c'est comme s'il chantait toutes les saisons ensemble tout en les transcendant. On comprend que Botticelli ait aimé un arbre aussi voluptueux que lumineux et qu'il l'ait fait figurer dans le jardin hermétique de *La Primavera* aussi bien que sur les rives où aborde à sa naissance Vénus…

Par la blancheur de ses fleurs et par ses fruits brillants, presque rouges, l'oranger éclabousse de lumière ceux qui le contemplent. Couronne au front de la mariée, il est promesse d'amour et de fécondité. Et à celui qui, nouvel Héraclès, cueille ses pommes d'or, il assure l'immortalité. Encore faut-il découvrir avant le soir de sa vie le Jardin des Hespérides pour atteindre à la sagesse. Ce lieu mystérieux est situé au couchant, là où le soleil rougeoie comme une énorme orange.

P

Paix

La paix n'est pas le contraire de la guerre mais de la peur.

On sait bien que la paix des armes n'entraîne pas obligatoirement la paix des âmes. Mais on continue de s'affairer à l'extérieur, de proposer des systèmes, des traités politiques, des comités internationaux. Pour éviter de s'interroger sur soi, sur son champ de bataille personnel, sur sa propre violence et ses démons intérieurs.

Les hommes rêvent de paix, disent-ils, mais depuis des millénaires ils s'en montrent incapables. La tentation serait de désespérer de l'engeance humaine mais on s'aperçoit que le chemin qui mène à la paix est le chemin même de la transformation. La paix est l'issue du combat spirituel et c'est la seule victoire qui compte : elle ne détruit pas l'autre camp mais surmonte et restaure, elle n'asservit pas la partie ennemie mais répare et fortifie. Assurément, en cette existence et en notre imperfection humaine nous ne connaîtrons pas la paix mais, d'elle ayant profondément soif, nous pourrons du moins œuvrer à la pacification, en nous et autour de nous.

Les textes védiques et sumériens, le prophète Isaïe, Hésiode au temps de la Grèce archaïque, tous parlent d'un Âge d'Or dont la paix et l'abondance sont les signes marquants. Partant, il n'y a plus de mal, de maladie, de mort et tous, bêtes et gens, arbres et pierres, sont heureux et tranquilles. L'erreur serait de croire que cet Âge d'Or a eu lieu sur terre, qu'il se situe dans le passé et que désormais on ne cesse de déchoir et de se dégrader. Ce serait le réduire à un bon vieux temps que chacun regrette et déplore. Pour une conscience éveillée, l'Âge d'Or est ce à quoi nous sommes promis : non pas ce que nous devons attendre passivement mais ce dont nous sommes porteurs. Il dépend ainsi de chacun de faire advenir et fleurir ce temps de bonheur qui n'exclut aucune créature.

La paix sur terre ne s'instaurera ni grâce à un type de gouvernement, ni grâce aux valeurs féminines, comme on l'entend répéter, ni par des slogans. Les philosophes et les saints qui ont abordé cette question cruciale avec quelque sérieux évoquent tous notre responsabilité personnelle. Ce que résume la parole de saint Séraphim de Sarov, qui vécut plus de trente ans dans la solitude avant de rencontrer ses contemporains et d'en guider quelques-uns : « Acquiers la paix intérieure, et des milliers autour de toi trouveront le salut. »

Si je descends en moi-même, je peux observer que le trouble, les heurts, les souffrances qui empêchent la tranquillité de l'âme viennent de peurs multiples : peur d'être jugé, rejeté, abandonné, peur de ne pas être reconnu, aimé, peur de disparaître… Alors, le petit moi dresse ses barricades ou il lance l'offensive le premier. Le petit moi qui a peur, qui a mal, commence sa guerre de tranchées qui durera toute une vie.

Il est deux instants très précieux, deux moments puissants et hors du temps que relatent les Évangiles : la Transfiguration du Christ et sa Résurrection. Si l'on suit la version de l'apôtre Matthieu, on remarque que Jésus prononce lors de ces épisodes une même parole : « N'ayez pas peur ! » La première fois, Jésus s'adresse aux trois apôtres qui ont vu sa lumière éblouissante sur le mont Thabor et entendu la voix de Dieu. La seconde fois, c'est aux femmes qui s'en viennent auprès de son tombeau que le Ressuscité dit de ne pas s'effrayer, en se montrant à elles. Ainsi la peur apparaît toujours comme une entrave, comme une limitation humaine : elle empêche la vision, elle fait écran à l'immense.

Jésus dit « Paix à vous ! » et aussi « Ne craignez point ! » : ces deux paroles sont équivalentes. C'est la peur de chacun qui, jour après jour, ensevelit la paix possible, qui repousse très loin le radieux Âge d'Or.

Paradis

Ce pourrait être une paire d'escarpins abandonnée au seuil de la chambre ou des bulles de savon qu'on lance à la volée, qu'on suit des yeux. Ce pourrait être un panier débordant de cerises, un café pris à l'aube en regardant partir les bateaux, le poids d'un chat sur votre dos quand vous vous éveillez le matin, une fleur qui semble s'ouvrir sur votre passage. Ou encore une immense bibliothèque où l'on se perd, où l'on puise la sagesse, un lit profond avec un édredon pansu, rouge de préférence, l'odeur du pain chaud, l'écume des confitures, une conversation sans fin sur une terrasse en plein été, des rires d'enfants, des grappes de baisers, des bruits d'eau claire. Ce serait une échelle appuyée contre un arbre, une marelle sur un trottoir, une rafale de vent comme un amour fou, une clef qui ouvre tous les secrets sans les ébruiter jamais. Ou une épaule qui brille, un regard qui vous enveloppe et vous protège de tout mal, et cette citadelle imprenable que d'aucuns pensent vide mais qui recèle la lumière, seulement la lumière…

Depuis que l'être humain a pris conscience de sa condition mortelle il a en même temps imaginé le Paradis, un lieu de repos et d'indicibles plaisirs. Dans nombre de civilisations le Paradis, qui vient d'un mot persan désignant le jardin, a des allures de nature verdoyante et fleurie. Le Coran parle à plusieurs reprises d'un séjour où poussent figuiers et grenadiers, où ruissellent des fontaines, où de fraîches jeunes filles aux yeux noirs, aux seins ronds, sourient à l'arrivant. Des tapis de soie recouvrent le sol et le vin coule, exquis. Pour les Aztèques, le Paradis se révèle un pays plein de fleurs et de papillons. Pour la Chine antique c'est une terrasse de pêchers roses, et selon les Celtes, une île des fées et des pommiers où le roi Arthur s'en va dormir. En Inde, danseuses et musiciens égaient un paysage fleuri où les étangs sont parsemés de lotus.

D'autres images surgissent pour évoquer l'immarcescible : une montagne paisible que visitent seulement les blancs nuages et le vol des grues sauvages ; une cité céleste mais carrée et solide, ceinte de remparts en pierres précieuses. L'imaginaire chrétien hésite entre un théâtre couvert de stucs et de dorures, garni de fauteuils de velours rouge où les élus sont placés selon leurs mérites, et une chorale de sopranos et de castrats qui déroule interminablement des louanges à l'invisible maître des lieux.

Que l'on pense à l'Arcadie mythique, à la contrée d'Hyperborée où Apollon passe l'hiver, aux fraîches scènes représentées dans les tombes de l'Égypte pharaonique, au pays de Cocagne qui émoustille tous les gourmands, ou encore au règne messianique que décrit Isaïe, on s'aperçoit que les rêves de l'homme diffèrent peu au fil des siècles : ils modèlent un lieu idyllique à l'abri de la maladie, de la cruauté, de la mort, où les heureux habitants passent leur temps à chanter, à aimer, à dormir, à se régaler de mets délicieux et abondants, où le travail n'existe pas.

Ce dernier point me paraît décisif, il trace nettement la ligne de démarcation entre Paradis véritable et succédanés terrestres. Le travail demeure le mot d'ordre et le moteur du monde moderne, il est présenté comme la finalité d'une existence humaine. Mais avec le travail viennent la peine, le souci, la fatigue, la concurrence, les conflits, l'efficacité, l'argent, le commerce, le mépris, l'épargne, l'endettement, l'envie, le pouvoir, l'avidité, l'escroquerie, l'ambition, le vol, la férocité, la famine, la guerre... On le sait depuis des millénaires : le travail n'a jamais procuré le bonheur, même si on peut accomplir sa tâche avec entrain et bonne humeur.

Cesser de travailler, cela ne veut pas dire devenir chômeur ou bon à rien. C'est se rendre compte que l'idole travail est un miroir aux alouettes et, selon le langage pascalien, un divertissement majeur : le travail nous détourne de notre vie intérieure, il nous retient loin du Paradis.

Passion

Dans *Crainte et tremblement*, publié en 1843, Kierkegaard écrit : « Tout mouvement de l'infini s'effectue par la passion et nulle réflexion ne peut produire un mouvement. » Et il continue : « Ce qui manque à notre époque, ce n'est pas la réflexion, c'est la passion. » Au même moment, il note dans son *Journal :* « La passion est en somme l'essentiel, c'est le vrai compteur des forces de l'homme. De là, cette misère de notre époque : elle manque de passions. »

Les intellectuels, les peureux, les gens épris d'ordre se méfient de la passion et cherchent à gouverner sinon à réprimer tout élan irraisonné, toute folie des sens. Et comme l'on va répétant, sans l'avoir vécu soi-même, que la passion fait souffrir, parfois mourir, on s'en tient à l'écart, on se barricade dans un for intérieur déserté, dans une maison sans feu.

Si l'on envisage la passion non pas comme une émotion liée à quelqu'un mais comme l'énergie d'un esprit vif, curieux, ardent, on voit alors qu'être passionné désigne une attention totale, une ouverture à ce qui advient, ainsi qu'une intensité de vie. C'est le contraire de la passivité et de la souffrance. Un être passionné n'arrête pas de chercher, de marcher, de découvrir, il ne se garde pas et ne veut pas être rassuré.

Un individu passionné se révèle à la fois inépuisable et infiniment vulnérable : à chaque rencontre il est touché au cœur, il ressent profondément la beauté des choses et la haine ou l'envie qui menacent, mais la flamme de son esprit lui ouvre, comme le savait le philosophe danois, un pays sans limites, et il y va joyeux, car il n'a rien à perdre mais tout à explorer.

Seuls les êtres passionnés restent jeunes parce qu'ils ne sont ni amers ni sclérosés. Et comme ils goûtent en chaque instant, terrible ou merveilleux, la saveur de l'unique, ils sont sans doute les seuls à connaître la vraie joie.

Plage

On s'y livre à des plaisirs simples et sans conséquence : l'homme creuse volontiers des tranchées, la femme ramasse des galets et des coquillages, bébé fait ses premiers pas et ses premiers pâtés.

C'est un lieu de paresse, de jeu et d'insouciance où chacun, en se dévêtant, se déleste en même temps de son esprit critique, de son quant-à-soi. On fait fi du regard des autres, même si certains s'attardent sur une silhouette, sur une peau plus dorée. Il n'y a que les magazines de mode pour faire croire aux femmes que sur la plage leur image est capitale, qu'il faut des mois pour se préparer à être impeccable. De fait, chacun se laisse porter à la rêverie et à la somnolence – ce qui induit regard vague, sourire brumeux, gestes lents et volonté assoupie. Aller à la plage, c'est donner congé à son intellect et retrouver les sensations. La fierté n'y a guère de place mais une certaine vanité peut s'étaler.

On bâtit beaucoup sur le sable, on s'y rend avec pelles, pioches, filets et divers récipients. Les plus actifs marchent en bordure de mer, se tordent les chevilles sur les rochers, courent avec leur chien et jouent au volley. D'autres s'occupent à déloger les crabes et à effrayer les crevettes tapies dans les trous d'eau. On patauge, on remplit des seaux, on gratte des coquillages.

Et puis, il y a ceux, de plus en plus nombreux parmi les gens de la ville, qui sont persuadés que par une obscure parenté linguistique la plage est le lieu où l'on s'aplatit. Ils viennent donc pour s'allonger, se laisser caresser par le soleil, les embruns, pour s'oindre délicieusement d'huiles parfumées et de crèmes aux noms enchanteurs. Ils viennent pour ne rien faire, ne penser à rien, et surtout pour avoir l'air reposé au retour – ce qui implique une mine bronzée, des cheveux desséchés et décolorés, une allure nonchalante et quelques kilos supplémentaires.

Tout de même, sur la plage, certains peuvent en catimini se livrer à une certaine philosophie ou à une innocente catharsis. L'édification de châteaux de sable semble résister aux années et aux modes alors qu'immanquablement ces fragiles monuments sont absorbés par les vagues, arasés par le vent. Comparable à l'empreinte des pas vite effacée par la mer inlassable, le château de sable rappelle à l'homme sa précaire condition et la vaine gloire de ses œuvres. Mais ici, cette philosophie de l'impermanence ne crée nulle angoisse et elle communique au contraire au bâtisseur des sables une légère ivresse. Isaac Newton l'avoue : « Il me semble n'avoir été qu'un enfant jouant sur la plage, tout au plaisir de trouver de temps à autre un galet plus lisse ou un coquillage plus joli qu'à l'ordinaire, tandis que le grand océan de la vérité s'étendait inexploré devant moi. »

Une autre pratique propre à la plage consiste à jouer à s'ensevelir. De préférence, c'est l'enfant qui s'amuse à recouvrir de sable son père ou un adulte... Et ce drôle de rituel ne semble jamais troubler les parents, toujours consentants. Je vous le disais : maîtrise, autorité, signes de pouvoir, tout cela s'écroule pour ne laisser place qu'à l'acquiescement, à une torpeur béate, à une fraternité simplifiée. Est-ce là régression, retour au limon originel ou bien adhésion au présent ? Sur la plage, on expérimente que le bonheur ne s'obtient par aucun calcul, qu'il ne requiert nul effort et qu'il tient en peu de chose : une poignée de sable et d'eau, un flacon de crème solaire, un seau coloré, une odeur d'algues, de sel ou de pin, quelques cris d'oiseaux et d'enfants.

Parmi les moments inévitables et fort appréciés culmine le goûter. Les grandes personnes, tout comme les petits, ont la sensation, même en ayant très peu bougé, que l'air, la plage, le soleil et les baignades, les jeux, les marées, le vent, les bateaux au loin, tout cela creuse. Leur appétit atteste qu'ils sont vivants, bien vivants. Ce goûter leur confirme qu'ils ont retrouvé goût à la vie, à ses infimes et infinis plaisirs. À la vie terrestre, s'entend. Il faut être saint Augustin pour arpenter la grève en tournant dans sa tête l'insoluble problème de la Trinité… Mais il rencontra, dit-on, sur la plage, un bambin qui essayait de vider la mer avec une coquille. Il s'étonna. Et l'enfant rétorqua que sa tâche n'était pas moins insensée que la sienne, lui donnant à entendre la leçon : il aurait plus vite fait de vider la mer entière avec son minuscule récipient que l'évêque d'Hippone de venir à bout de la Divinité trine…

Porte-bonheur

Ils sont très nombreux, les objets, les animaux, les fleurs qui procurent la chance, ils sont hétéroclites et souvent arbitraires. Certains sont rares et d'autres très communs. S'y ajoutent fétiches et gris-gris personnels, pierres précieuses et bijoux de pacotille, nounours et bouts de tissu, parfums magnétiques, philtres, eau de jouvence et poudre de sympathie.

Dans cette corne d'abondance on puisera volontiers : le petit cochon pour la prospérité, le fer à cheval pour voyager longtemps, le muguet, le houx, le gui, le riz, le scarabée, la coccinelle, l'oiseau bleu, le chiffre 13, le bossu, le ramoneur, le pendu (moins drôle), le pompon du marin, la fève des galettes, l'œil Oudjat égyptien et la main de Fatma. Et aussi le mouton à cinq pattes, l'éléphant (Ganesh, en Inde, préside aux mariages, à l'écriture et à toutes entreprises), un nid d'hirondelles sous le toit de la maison, des clous et des clefs, une pièce de monnaie trouée, l'edelweiss, le grillon du foyer, les cloches et les clochettes, le trèfle à quatre feuilles (une pour l'amour, une pour la santé, les deux autres pour la richesse et la renommée). On n'oubliera pas l'araignée du soir qui apporte l'espoir et les nuages roses du soir qui laissent beau temps prévoir, le verre blanc que l'on casse, le champagne qui déborde de la coupe et se répand sur la nappe, les petits cœurs, les cigales, l'arc-en-ciel (un trésor est caché sous chacun de ses pieds). L'emblème porte-bonheur de l'Australie est le koala (en réalité le petit marsupial a mauvais caractère et ne sent pas bon du tout) et celui de l'île Maurice le dodo (l'oiseau dodu, lent à s'envoler, disparut totalement au XVIIIe siècle, capturé et aussitôt rôti par les marins qui faisaient escale en ce lieu). On trouve un peu partout les œufs, décorés ou non, les fruits ronds et à grains (grenade, figue, pastèque…) pour assurer la fécondité et la renaissance. En Chine, la chauve-souris est un symbole fort apprécié, tout simplement parce que son nom, « *fou* », est homonyme de celui du bonheur. On y aime aussi la couleur rouge et la statuette d'un chat levant la patte droite en signe de salut. Pour les Européens, une petite chouette est propice à l'étude tandis qu'on offre depuis longtemps au Japon la poupée « Daruma », un jouet fait de papier mâché représentant un moine assis : on dit qu'il s'agit de Bodhidharma qui vécut en Chine au VIe siècle et qui resta en méditation face à un mur pendant neuf ans. Quoique jetée à terre, cette poupée retrouve toujours sa stabilité et son calme, tel le patriarche qui fut à l'origine du zen. Au Tibet, on se réfère traditionnellement à huit signes de bon augure : la conque, le nœud sans fin, la roue de la loi, l'étendard de la victoire, le vase, le lotus, les deux poissons, l'ombrelle. Soliman le Magnifique, quant à lui, possédait plusieurs manteaux talismaniques qui font autant rêver que les tapis volants des *Mille et Une Nuits*. De fait, le mot talisman vient de l'arabe classique et désigne un docteur de la loi, un prêtre musulman, puis un savant. Ici, la religion l'emporte sur la magie.

R

Rencontre

En décembre 1933, la revue *Le Minotaure* publia les réponses données à Breton et Éluard sur une question qui passionnait les surréalistes : quelle a été la rencontre capitale de votre vie ?

La réponse brève de Marcel Aymé demeure pour moi la plus judicieuse : « Il me semble que les rencontres capitales ne sont jamais tout à fait fortuites : ce sont toujours les mêmes qui les font, probablement parce qu'ils ont les aptitudes particulières. » Ainsi, il s'agirait d'un don autant que d'un art, c'est une faveur des fées qu'on s'obstine à dénommer hasard.

Activiste et pragmatique, la société moderne a inventé les agendas, les plannings, les rendez-vous d'affaires et la gestion du temps personnel. Il n'est plus guère possible de faire des rencontres puisque tout est prévu et balisé. La rencontre suppose un état de disponibilité, un regard poétique que n'ont pas usés les habitudes et l'injonction utilitaire. Il faut abandonner quelque peu ses repères, ses certitudes et faire confiance.

La rencontre tient du risque autant que du jeu. Elle célèbre la magie de la première fois et l'étrangeté de tout être : celui que je rencontre est toujours un inconnu. Ni familier ni intrus, il apparaît sous le signe de l'unique. Et moi, je suis unique pour lui. Ainsi l'on part à la découverte… Cela vaut pour l'amour comme pour l'amitié. Je me demande même s'il est possible de donner, en amour ou en amitié, des rendez-vous : la rencontre marque un départ, une aventure folle ou belle, là où le rendez-vous consigne un projet et un résultat.

Il faut avoir en soi peu de peur et chérir la liberté pour se vouer aux rencontres et pour y croire. Pour s'attendre à tout (il est aussi des rencontres affreuses) au lieu de calculer et, horrible expression, de se protéger.

D'un être aimé on ne peut que dire : je ne m'attendais pas à vous. La rencontre amoureuse subvertit l'attente et le rêve, elle ne les réalise pas.

« Rien n'arrive jamais comme on se l'imagine », déclare la splendide Gertrud dans le film de Carl Dreyer. Cette phrase me fut, parmi d'autres, viatique en des moments difficiles. « Rien n'arrive jamais… » C'est un désespoir parfois et un bonheur aussi qui fleurissent tout soudain. La merveille d'une rencontre loge en ce « rien ».

Rêver

« J'ai bâti de si beaux châteaux que les ruines m'en suffiraient... »

JULES RENARD,
Journal, 2 juin 1890

« Mes jeunes gens ne travailleront jamais, les hommes qui travaillent ne peuvent rêver ; et la sagesse nous vient des rêves. »

SMOHALLA,
Indien de la tribu des Sokulks, né vers 1815

Rire

C'est un signe de générosité autant que de courage et le seul vrai patrimoine de l'humanité.

On pense communément qu'une personne rit parce qu'elle est joyeuse ou bien dépourvue de tout souci. Il serait plus judicieux d'inverser la proposition et de comprendre que c'est le rire qui devient source de bien-être et de plaisir parce qu'il dilate le corps et le cœur en ondes amples, parce qu'il opère un grand nettoyage et fait sauter bien des verrous. Ainsi, Jean Cocteau notait joliment :

« La faculté de rire aux éclats est preuve d'une âme excellente. Je me méfie de ceux qui évitent le rire et refusent son ouverture. Ils craignent de secouer l'arbre, avares qu'ils sont de fruits et d'oiseaux, craintifs qu'on s'aperçoive qu'il ne s'en détache pas de leurs branches. »

Le rire peut être lourd ou raffiné selon qu'il se déploie en calembours, taquineries, ironie, franche rigolade, humour, mais il charrie avec lui les forces de la vie qui triomphent de l'abstraction, de la ratiocination et des conventions sociales. De là sa puissance de transgression, son accointance avec la liberté.

« Il faut tout ensemble rire et philosopher », disait Épicure bien des siècles avant Rabelais, avant Giordano Bruno et avant Nietzsche (ce dernier fut loin d'être comique, mais Zarathoustra place très haut la vertu du savoir-rire). Une posture risquée de funambule entre le vertige et l'envol. Car on peut s'engloutir dans le rire mais aussi par lui se délivrer. Parmi ses victimes on nommera Chrysippe, dialecticien de la Grèce antique, qui s'étouffa de rire au spectacle d'un âne qui se gavait de figues, et aussi les compagnons de Maelduin qui furent, d'après le récit celtique de leur *Navigation*, abandonnés dans l'île des Rieurs comme irrécupérables…

Faire rire quelqu'un manifeste l'amitié ou l'amour qu'on lui porte. C'est vouloir le bonheur de l'autre, chercher à suspendre le temps, la mort. À travers la Bible, le rire témoigne toujours d'une fécondité, d'une expansion de l'être : Sara rit de bon cœur lorsqu'elle apprend qu'elle va enfanter à un âge avancé, et Isaac se réjouit volontiers car son prénom signifie « Dieu a souri ». Pour Maître Eckhart, dominicain qui dans ses sermons ne répugnait pas aux bons mots, il est évident que « Dieu le père rit » puisqu'il est créateur et tout-puissant. Même si toutes les oreilles humaines ne sont pas aptes à l'entendre.

Mais rire sur terre serait déjà participer à la Divinité.

Rose

Un jour de décembre, j'ai acheté chez le fleuriste une grande rose afin qu'elle me tienne compagnie pendant que j'écrivais.

Or cette rose, de couleur jaune, est demeurée fraîche et vive durant plus de quinze jours, elle a tenu bon tout le temps que je rédigeais mon texte.

Comme si d'écrire – et, tant qu'à faire, de belles choses – je gardais en vie la rose. Et comme si elle, la haute fleur, de son côté veillait sur mes mots et mon silence tout en me rappelant l'urgence de dire l'essentiel.

Assise devant mon bureau, je la regardais souvent et j'entendais la fleur murmurer : « Tu seras inspirée tant que, rose, je fleurirai, tant que je serai vive. » Et moi je lui disais : « Ô rose, tu resteras en vie et radieuse tant que j'écrirai, tant que je trouverai les justes mots et le silence qui les fait fleurir. »

« Aime toutes choses, dit Djalâl ud-Dîn Rûmî, afin d'être toujours au milieu des fleurs et des roseraies. »

Rosée

La Bible dégoutte de rosée, elle qui recueille la grâce et les lueurs du passage divin. Jacob, Moïse, Isaïe ne cessent d'invoquer une rosée bienfaisante qui féconde l'âme des hommes autant que leur terre. Elle annonce aussi la venue messianique et la résurrection :

« Réveillez-vous, exultez, vous tous gisant dans la poussière, car la rosée est ondée de lumière, et le pays des ombres va enfanter… » (Isaïe)

Le beau jeune homme du Cantique des Cantiques apparaît à sa bien-aimée avec une chevelure bouclée et la tête couverte de rosée : après la traversée angoissante de la nuit, c'est l'aube qui se lève, qui s'ébroue ; c'est le matin de l'Amour qui ne se garde ni ne se perd. Plus tard, au milieu du XIIIe siècle, la béguine Mechthilde de Magdebourg prête à Dieu ces paroles qu'elle répète en son cœur ardent : « Je viens à ma bien-aimée comme la rosée sur la fleur. » Image d'une visitation exquise et inoubliable.

On peut s'interroger : est-ce vapeur, bruine, pluie, air humide ? Cette rosée vient-elle du ciel ou bien exsude-t-elle du sol, des plantes, de l'herbe et des corps ensommeillés qui s'abandonnent ? Ne serait-ce pas davantage une sorte de transpiration cosmique, une buée que dépose l'immense et inouïe respiration du monde ? On comprendrait alors que les alchimistes aient porté toute leur attention à cueillir au mois de mai ce suc précieux, équivalant à l'essence des choses.

Mais pense-t-on à tout cela lorsqu'à la campagne, dès le réveil, on part pieds nus fouler l'herbe délicieusement humide et fraîche ? Et lorsqu'on se sent elfe ou fée à recueillir sur ses lèvres quelques gouttes de rosée qu'on savoure comme un nectar des dieux ?

« Carpe diem », avait dit le poète Horace. Cueille le jour présent. Étrange invitation. Il eût pu aussi bien dire : cueille la rosée, fais un bouquet de brume et de brouillard, lie en gerbe la lumière des heures… La beauté est si fragile qu'elle ne laisse rien entre les mains, et pourtant certains mourraient volontiers pour elle. Maître Dogen, qui fonda l'école Soto du zen dans le Japon du XIIIe siècle, efface nos illusions :

À quoi pouvons-nous comparer notre vie ?
Le reflet de la lune

sur la goutte de rosée
qui tombe du bec de l'oiseau.

Rouge

Non seulement le rouge est la couleur de la joie, de la vie intense, de l'amour fou et triomphal, de la gourmandise aussi – rouge de la bouche, rouge du cœur –, mais il se pare de toutes sortes de nuances que je ne me lasse pas de dénombrer, à défaut de les identifier avec précision. Groseille, coquelicot, garance et vermillon ; écarlate, amarante, grenat, carmin et pourpre ; andrinople, cochenille et cramoisi ; rubis, incarnat et sinople ; rouge corail, sang, feu, passion toujours.

Plus que les autres, les fruits rouges offrent les délices de la tentation et fêtent déjà la volupté : fraises des bois (dont le mouchoir de Desdémone est brodé), cerises (que le jeune Rousseau glisse dans le corsage de ses fraîches amies), pommes (le fruit tendu à Blanche-Neige, la pomme d'amour des fêtes foraines), grenades opulentes et secrètes (joues de l'aimée du Cantique), framboises tendres, tranches de pastèque qui rient... De leur côté, les fleurs aux pétales rouges lancent leur message vibrant. Camélia : « Je vous trouve la plus belle. » Dahlia : « Votre amour fait mon bonheur. » Pivoine : « Mon amour veille sur vous. »

Géranium : « Votre pensée ne me quitte pas. » Et la rose rouge élève son élégante ardeur.

C'est la couleur des enfants – bonbons, grenadine, sauce tomate, vêtements –, des femmes libres et souveraines – beaucoup disent dangereuses –, des rois. C'est la bannière des fulgurants, des excessifs, l'oriflamme de l'Esprit. Et pour ceux qui contemplent les confins empourprés du jour le rouge signe une vie accomplie : aurores magnifiques et mystérieux couchants.

S

Saisons

Quelle chance de vivre dans un pays tempéré, rythmé par les quatre saisons ! En elles nous trouvons des étapes en même temps qu'une belle diversité. À peine notre regard s'est-il enchanté devant les arbres en fleur que les framboises rosissent dans les jardins et que bientôt les sous-bois se pareront de bruyère violette. Les giboulées succèdent aux matins froids et sombres de janvier et c'est déjà le grand soleil d'été puis les couchants mordorés de l'automne. Cette procession fait résonner en chaque être vivant le cycle de son existence et ses saisons intérieures.

Au fil des mois, le corps change et l'âme aussi. De l'hiver au printemps, on passe du recueillement à l'élan, d'un semblant de mort et d'engourdissement à l'espérance, à l'enthousiasme. Pour ceux qui ont semé et travaillé leurs terres intérieures, l'automne apparaîtra le temps de la récolte et des fruits savoureux, la saison aussi des migrations et des envols vers d'autres pays.

Grâce aux saisons l'être humain s'accorde aux rythmes de la nature et il mesure davantage la fragilité et la promesse qu'il représente au sein de l'univers. Il peut envisager avec moins de crainte le déclin et la mort s'il suit le pas de la lumière qui grandit, s'amenuise puis repart en avant au solstice de décembre. Il faut prendre au sérieux la plainte des gens qui maugréent : « Il n'y a plus de saisons. » Elle dit combien les hommes du monde moderne se sentent délaissés par la nature ou en rupture avec elle. Comme si la succession des saisons assurait la fluidité et l'harmonie d'une vie humaine.

Je n'envie pas plus ceux qui ne connaissent toute l'année qu'une immense plage ensoleillée que ceux qui vivent dans un perpétuel hiver. Le risque qu'ils encourent est de s'habituer. De ne plus imaginer les changements, les métamorphoses, d'autres possibles. Dans le cycle des saisons, que l'on habite en ville ou à la campagne, le regard ne peut s'habituer, il est invité à se renouveler sans cesse.

Les émotions et les activités sont différentes d'un mois à l'autre, c'est un plaisir et c'est une découverte. L'hiver est le temps du sommeil, des gros pulls, des feux de bois. C'est l'odeur de la soupe de légumes, les longues soirées de lecture, volets tirés, c'est le nez froid, la glace, la neige, et aussi les sapins, les bougies, la douceur d'une maison, d'une famille. Après ce silence, ces rêveries feutrées, le printemps vient tout bousculer, il fait un grand nettoyage et cogne aux fenêtres : on s'allège, on respire mieux, on danse ; on ouvre les yeux et les bras, déjà le cœur fleurit et s'émerveille, avec l'envie d'être amoureux, d'aller à la rencontre des oiseaux ; on guette les premières cerises et les asperges vertes, on s'habille de frais et on frissonne d'un bonheur sans visage qui flotte dans l'air. L'été arrive pour nous dénuder et nous rendre paisibles. C'est la saison du repos et des vacances, des voyages et de la sieste ; mais c'est aussi l'ivresse de la lumière et les plaisirs de l'ombre, la contemplation du ciel étoilé, le temps du vertige et de l'excès. Puis l'automne s'annonce avec vents, vendanges, crues, grandes marées et feuilles d'or. On classe, on range, on se marie. On prend de bonnes résolutions. C'est la saison des réunions familiales, des retrouvailles entre amis, le temps d'écrire, d'engranger noix, vin, fromage, de cueillir des champignons, de ramasser marrons et châtaignes. Le soir on s'attarde encore, car l'air est doux et le soleil s'endort avec splendeur…

À suivre les quatre saisons, un être humain vit toute une vie en une année : enfance, âge adulte, maturité et transmission, vieillesse et bilan. Et à nouveau vient l'éclosion, le commencement. Ainsi la vie octroie d'autres chances, de multiples départs, des réajustements, des transformations, d'incessantes mises au monde.

Secret

Nous sommes des galets roulés dans la mer du secret.

Sens

À la période de Heïan autour de l'an mille, Sei Shônagon fut dame d'honneur de l'impératrice du Japon. Dotée d'un œil aigu et d'une âme délicate, elle a consigné dans ses *Notes de chevet* toutes sortes de choses qu'elle estime élégantes, émouvantes, affreuses, ridicules, amusantes, pénibles…

Elle ne se lasse pas de dresser des listes qui rassemblent couleurs, saisons, étoffes et fleurs, lacs et montagnes, mets et instruments de musique, visages d'enfants et de moines. Dans ce merveilleux ouvrage qui est parvenu jusqu'à nous, sous la rubrique « Choses qui font battre le cœur », la dame de cour égrène avec volupté :

« Se coucher seule dans une chambre délicieusement parfumée d'encens. […]

« Se laver les cheveux, faire sa toilette, et mettre des habits tout embaumés de parfum. Même quand personne ne vous voit, on se sent heureuse, au fond du cœur. »

Elles sont innombrables et toujours renouvelées, les sensations qui nous font remercier notre corps et le monde qui nous entoure. Ce sont autant de bouffées de bonheur procurées par les cinq sens. Odeur du café, du foin coupé, des peupliers et des bougies éteintes, chant des rainettes, bruit de la pluie contre les vitres, vent dans les arbres, voix grave du violoncelle ; les draps frais, le froissement de la soie, la langue râpeuse du chat ; le goût de la pêche et du melon ; les beignets de fleurs de courgettes, le beurre salé, le sabayon ; la poussière qui danse dans la lumière, le jeu des nuages, le ressac, l'horizon, l'éclair. Jean Giono était conscient de ces ressources prodigieuses à portée de chacun : « Vous voulez faire un voyage ? C'est maintenant que vous le faites vraiment, sur vos deux pieds, avec vos cinq sens », écrit-il dans *La Chasse au bonheur*.

Le monde actuel bannit la sensualité, de même qu'il se méfie du désir. Il ne parle que de besoin et de fonctionnement et considère souvent le corps et ses ressources d'un point de vue utilitaire et mercantile. Mais il faut choisir : ou je « fonctionne », ou je ressens. Plus l'être humain se réduira à une machine, à un organisme biologique, et moins ses sens lui offriront de plaisir.

Non seulement les sensations sont source de délices ou de contentement, mais elles éveillent aussi à la sagesse, à l'harmonie. J'aime cette histoire zen d'un maître qui est parti se promener dans la montagne. À son retour, il voit l'un de ses disciples qui l'attend de pied ferme devant le porche du monastère. « Maître, questionne celui-ci avidement, où êtes-vous allé vous promener ? » Très calme, le maître répond simplement : « Dans la montagne. » Mais l'indication paraît bien évasive au disciple curieux, qui insiste : « Mais quel chemin avez-vous emprunté ? » Le sage, toujours paisible, dit : « J'ai suivi l'odeur des fleurs du chemin et j'ai flâné au gré des jeunes pousses... »

Silence

« Il est assez étrange, note Kierkegaard, que si différents que soient le bonheur et le malheur, il y a une chose qu'ils s'accordent parfois à désirer : le silence. »

Seul le silence dissipe le brouillard de la parole ordinaire, des émotions faciles, des pensées toutes faites. Il se hausse jusqu'au seuil où déborde l'indicible. En lui s'apaisent les contrariétés de l'intellect et les intempéries du sentiment. Se tenir en silence, c'est beaucoup plus que ne pas faire de bruit.

Au commencement était le silence, voix de l'immensité, de l'éternelle présence. Mais aux humains cet aspect de l'Absolu a toujours fait peur et les mortels ont inventé toutes sortes d'activités, y compris les pratiques religieuses, pour mordre sur ce grand silence de neige et lui faire rendre gorge.

Il est remarquable que, dès Sumer, un récit relatant le Déluge précise que les dieux voulaient noyer l'engeance humaine en raison de ses bavardages et gesticulations continuels. Ces êtres éphémères ne cessaient de troubler le repos et le sommeil des dieux. Le châtiment n'était pas infligé en raison d'une impiété, d'un vice particulier, mais parce que les hommes, déjà, ne savaient pas faire silence.

De fait, celui qui se révèle incapable de se taire ou que le silence indispose se montre dépourvu d'attention, d'écoute, il ne saurait s'éveiller à d'autres réalités. Il ne peut que brouiller la clarté du monde et s'empêtrer dans le filet des besoins ordinaires.

On rapporte que les pythagoriciens ne mangeaient pas de poisson et s'abstenaient tout particulièrement de la carpe parce que ces créatures, du fait de leur silence, leur paraissaient éminemment respectables. Ainsi, le langage articulé qui semble une supériorité humaine est moins un signe d'évolution que le fruit du silence primordial. Au Japon, Maître Keisan le formule ainsi :

La parole est bruyante
Comme le chant de la grenouille à l'époque des amours.
Le silence est semblable à une colonne.

Soleil

Les anciens Égyptiens vivaient dans la terreur que le soleil au matin ne revînt pas, que la lumière de Râ ne succombât à l'emprise des ténèbres. Nous, aujourd'hui, informés par les calculs des astrophysiciens, nous savons que l'astre magnifique mourra un jour, dans quelques millions d'années. Mais sur les dessins d'enfant, le soleil rond et jaune continue de rire et de rayonner, témoignant de la joie de vivre.

Si le soleil apparaît toujours comme une image bénéfique, c'est sans nul doute en raison de la chaleur et de la lumière qu'il répand sans compter et qui favorisent toute vie. Mais, de plus, sa générosité se montre sans bornes puisqu'il éclaire et réchauffe bons et méchants, pauvres et riches, et se moque des frontières et des clans. Il déverse ses dons en toute gratuité, il protège et guérit, il éloigne toute tristesse. Il est chaque jour et au fil des saisons notre grand repère, notre Père qui brille dans le ciel.

Il figure la plénitude et l'absolu (nul ne peut le regarder fixement) mais aussi l'excès et la folie. Il proclame la justice, le triomphe de la vérité, mais il risque à chaque instant de se prendre pour le nombril du monde, de se bouffir d'orgueil. Ainsi Zeus, à deux reprises, envoya le fier Apollon en esclavage auprès des hommes pour lui rappeler sa juste place, non pas la première parmi les dieux… Le soleil dore et fait rougir la peau nue des femmes et des fruits mais il se montre tout aussi capable d'aveugler, d'assommer les imprudents, de craqueler la terre, de boire tous les ruisseaux.

Si de lui nous ne retenons que l'image radieuse, c'est parce que le soleil désigne, en nous et au-dessus de nos têtes, ce qu'il y a de plus beau.

T

Toujours

Nous sommes ainsi faits que notre aspiration au bonheur s'accompagne inévitablement du désir qu'il dure et ne connaisse ni vicissitude ni dégradation. L'habituelle conclusion des contes et des films qui finissent bien rassure les gens. De fait, elle ne dit pas que cela durera toujours (l'amour, la paix, la joie...) mais elle évoque une prolongation, avec la fin qui s'ensuit. Se marier et avoir beaucoup d'enfants, c'est à coup sûr devenir vieux.

À l'âge de soixante-dix-sept ans, Louis XIV s'adressa en ces termes à Madame de Maintenon, sa dernière épouse : « Madame, j'espère vous revoir bientôt dans l'éternité. » C'est le seul vœu raisonnable. Le toujours est une chimère mais l'éternité reste envisageable.

« Nous sommes éphémères mais ma passion est longue », chantait au XIIIe siècle le mystique Rûmî, en s'adressant au seul Dieu. Et à la dame aimée le musicien Guillaume de Machaut écrivait avec fougue : « Quand je mourrai, mon âme t'aimera encore... » Certitude qui habite tous les passionnés.

On assiste à un total renversement : au lieu de souhaiter que les plaisirs et les joies durent toujours – c'est-à-dire le temps d'une existence et après elle, le déluge –, l'homme de passion s'aperçoit que le désir d'éterniser des moments de bonheur les consacre comme inoubliables et sublimes.

Autrement dit : l'éternité précède le bonheur et lui donne sens. C'est parce que de tout mon cœur je souhaite que cet instant, cet amour débordent infiniment les frontières de l'existence et du monde humain qu'il s'agit d'un instant de pure félicité, d'un ravissement d'amour.

U

Unique

« Je sais maintenant que le malheur nivelle les hommes et les rend pareils, le bonheur non, le bonheur les rend uniques. »

CHRISTA WOLF

Unité

« *Perfection is in unitie.* » Toute perfection dans l'unité repose.

JOHN DONNE

« L'homme atteint seulement à la parfaite béatitude lorsque l'Unité a englouti l'altérité. »

ANGELUS SILESIUS

V

Vie

Je revois le visage souriant et j'entends encore les paroles de cette femme de petite taille, âgée de plus de quatre-vingts ans et demeurant très alerte. Elle avait connu bien des malheurs dans son enfance, avait perdu tôt sa mère puis son père, elle avait traversé la guerre, avait souffert du froid et de la faim et ne s'était jamais mariée. À plusieurs reprises, la tentation d'en finir s'était présentée à son esprit. Puis le temps avait passé et la vie avait persisté, apportant menues joies, chagrins, épreuves et découvertes. Parvenue à cet âge, la femme déclare d'une voix fraîche : « J'ai rudement bien fait de ne pas me suicider ! » Puis elle ajoute : « Oui, aujourd'hui, je peux dire que je suis contente de vivre… »

Être en vie, respirer tout simplement, voilà un miracle de chaque instant auquel nous nous accoutumons et que nous finissons par dédaigner. C'est un sentiment très profond, non pas primaire, d'accorder de la valeur à la vie, de l'approuver, de lui faire confiance. On rapporte que Claire d'Assise prononça ces mots avant de rendre son dernier soupir : « Je te remercie, Seigneur, de m'avoir créée. » Elle ne dit pas : de me libérer de l'existence, de cette vallée de larmes. Les plus grands mystiques s'enivrent de la beauté de la vie au point de tomber à genoux et l'amour qu'ils prodiguent à ceux qu'ils rencontrent est inséparable de leur goût de vivre.

Que disent sages, héros et saints ? Qu'il est doux, qu'il est irremplaçable d'être en vie et de marcher tout simplement sur terre. Le Qohélet rompt sa mélancolique méditation pour affirmer qu'un « chien vivant vaut mieux qu'un lion mort ». À Ulysse qui rencontre l'ombre d'Achille aux Enfers, le fier guerrier se plaint, nostalgique de la lumière du jour : il préférerait être gardien de bœufs sur terre plutôt que de régner sur un peuple de morts… Peut-être convient-il d'entendre de la même façon le précepte de Jésus, « laisse les morts enterrer les morts », qui nous invite à devenir des vivants. Les sages taoïstes eux aussi se servent de multiples apologues pour montrer que la chose la plus importante de la vie est la vie elle-même. Or, ce pur bonheur non encombré de pensée ni d'espoir, les animaux assurément le connaissent.

Dans un livre rare, intitulé *Apocalypse* et publié de façon posthume en 1931, D.H. Lawrence entonne un cantique poignant alors qu'il va mourir : « Pour l'homme, la grande merveille est d'être en vie. Pour l'homme, comme pour la fleur, la bête et l'oiseau, le triomphe suprême, c'est d'être le plus parfaitement, le plus vivement vivant. Quoi que puissent savoir les morts et les non-nés, ils ne peuvent rien connaître de la beauté, du prodige d'être en vie dans la chair. Que les morts apprêtent l'après, mais qu'ils nous laissent la splendeur de l'instant présent, de la vie dans la chair qui est à nous, à nous seuls et seulement pour une fois. Nous devrions danser de bonheur d'être vivants et dans la chair, d'être une parcelle du cosmos vivant incarné. »

Assurément, il est beaucoup plus important d'être en vie que d'être un humain. Pour ma part, j'aurais préféré appartenir au peuple des animaux, être une pierre silencieuse, un morceau de forêt, ou le cours d'une rivière…

Vin

Il avait tant vu d'eau, Noé, durant les quarante jours du Déluge, il en avait tant entendu déferler depuis les écluses du ciel, que la première chose qu'il fit en regagnant la terre ferme fut de planter une vigne. Ainsi le rapporte la Genèse, au chapitre IX. Et le texte ajoute : « Ayant bu du vin, il s'enivra… » Ce qui n'empêcha pas le patriarche de vivre encore trois cent cinquante ans, frais comme un gardon.

L'ermite et l'ascète se contentent d'eau pure là où les fous d'amour boivent des coupes de vin. Si la mystique est bien connaissance jubilatoire, rencontre extasiée, ce breuvage rouge et puissant lui convient qui célèbre les noces de la terre et du soleil. Comme premier miracle, Jésus ne changea-t-il pas l'eau des jarres en un vin délicieux ?

Nombreux furent les philosophes et les poètes qui ne dédaignèrent pas le vin, qui chantèrent ses louanges. Horace se délecte avec le Falerne et Kierkegaard a une prédilection pour le vin allemand Liebfrauenmilch. Socrate lève sa coupe dans le *Banquet* où les convives parlent d'amour et de sagesse et Rabelais invite à trinquer à la Dive Bouteille car le vin et le divin sont en étroite connivence. Pour alléger sa mélancolie Omar Khayyam le Persan s'enivre de beauté, de fleurs, de jeunes filles et de ciel étoilé : « Nous sommes avec le vin, avec les filles, avec Dieu, jour et nuit. » Et Li T'ai-Po, qui vécut à l'époque des T'ang, trouve dans le vin une consolation à la vie fugace :

Parmi les fleurs un flacon de vin.
Je bois seul sans compagnon.
Levant ma coupe j'invite la lune,
Avec mon ombre nous voici trois.
Bien que la lune ne sache pas boire
Et que mon ombre ne sache que me suivre,
J'en fais mes compagnons d'un instant…

Ce célèbre poème montre que, dès qu'un bon vin coule dans le gosier et réchauffe la poitrine, on se sent moins seul : on se dilate, on a envie de partager, bientôt d'aimer. L'expression populaire dit que le buveur « voit double », en fait il s'ouvre au monde environnant et y découvre de multiples présences. On pourrait donc dire que plus on boit, moins on se sent étanche : on devient très poreux à tout ce qui advient.

Une ébriété légère paraît agréable parce qu'elle rend les contours flous, les limites imprécises, parce qu'elle lève les barrières et paraît supprimer tout obstacle. La prudence est congédiée, le moralisme n'a plus de mise et les langues se délient. Le vin favorise les aveux, les déclarations d'amitié et d'amour. Il permet aussi que la tendresse et la fraternité s'expriment entre hommes. Il ne faut donc jamais décrier les « compagnons de beuverie », c'est la façon qu'a trouvée la pudeur virile pour montrer ses sentiments.

Les communautés monastiques du Moyen Âge ont pris le relais de Noé, de sa joie exubérante. Les moines ne se sont pas roulés tout nus dans les vignobles du Seigneur mais ils ont planté des vignes dans tous les pays d'Europe. Cette tradition honore le Christ qui, lors d'un ultime repas, a partagé une coupe de vin en en faisant son propre sang. Elle relie santé et sainteté par un breuvage qui « réjouit le cœur de l'homme » et permet de rendre grâce à Dieu pour ses divers bienfaits. Même Rancé, le réformateur de La Trappe à l'époque de Louis XIV, se voit dans l'impossibilité d'interdire l'usage du vin dans ses austères abbayes. Dans une lettre datée du 19 avril 1672 où il dispense diverses recommandations et des conseils de saintes lectures, il précise : « Pour ce qui est de l'usage du vin, ma pensée n'a pas été qu'on le doit absolument interdire aux religieux dans les lieux où il n'y avait ni cidre ni bière ; car de les réduire à boire de l'eau toute pure, j'y trouverais beaucoup de difficultés… »

Un amateur de vin est un curieux, non pas un fanatique révérant un seul cru. Les noms, les couleurs, les cépages, les années, les régions d'origine, les appellations, tout l'intéresse, tout suscite son désir, et en levant son verre il remercie la vie, la richesse prodigieuse de la nature et le talent des hommes.

Bien sûr, du vin on peut se passer. Comme on peut respirer sans amant, sans amante. Mais l'existence devient bien morne, presque inhumaine.

Voyage

Nombreux sont ceux qui naïvement déclarent : j'ai fait la Chine, Bali, la Hollande ou bien la Cappadoce… Ce sont là des touristes, qui entassent les pays dans leur tête comme on range des photographies dans des boîtes. Montaigne aurait dit : « La plupart ne prennent l'aller que pour le venir. »

Les voyageurs, eux, s'apprêtent à l'inconnu. En partant, ils savent qu'ils seront dépaysés et qu'ils reviendront, s'ils reviennent, déroutés, lavés et décapés autant qu'enrichis. D'autres continueront à avancer, à découvrir, à se perdre. Voyager est une façon de se déprendre.

Pour ma part, j'aime – entre cent autres raisons – la période du Moyen Âge parce que c'est le temps où tout le monde voyage, les nobles et les gueux, les troubadours et les moines, les chevaliers et les pèlerins ; parce qu'en ces siècles on peut être errant sans être inquiété ni récupéré. Bien sûr, il y a déjà les voleurs de grand chemin mais il y a aussi les ermites au fond des forêts, les jongleurs et les colporteurs sur les routes, les chevaliers sans terre mais au cœur plein d'idéal, tous ceux-là qui, se sentant de passage sur cette terre, cherchent d'autres voies et d'autres orients. Les hommes et les femmes de l'époque médiévale ne sont pas encore sédentarisés, figés, repus : leur curiosité l'emporte sur leurs certitudes, leur soif est infiniment plus vaste que leurs possessions. Ainsi partent sur les chemins les pauvres hères, les princes batailleurs, les musiciens, le menu peuple de Dieu. Ils sentent à chaque aube que tout est possible.

« Le soleil n'est jamais si beau qu'un jour où l'on se met en route. »

JEAN GIONO

Y

Yeux

Ils versent la douceur ou enflamment les sens. Ils peuvent donner toute la bonté du monde, refléter des immensités inconnues. Ils constellent la robe des séraphins qu'entrevit Ézéchiel et habitent, « fous du cœur », tous les sonnets de Shakespeare. Il y a les yeux ronds et frais des petits enfants, les yeux embués des vieillards, et ceux d'Athéna qui hésitent entre gris et vert. Les amants ont des yeux de faon, de colombe, d'escarboucle et d'étoile, et une belle alanguie a l'œil en amande ou en forme de datte. Il y a ceux qui rient, qui pétillent, et ceux qui ensorcellent, jetant des flèches ou l'oubli délicieux.

Je pense aux yeux brillants de Nausicaa découvrant Ulysse tout nu près de la rivière, à ceux de Didon, l'errante, la veuve, qui se posent sur Énée, si fier de ses exploits guerriers. Je pense à ce premier regard qui reconnaît l'autre, qui se donne et se perd en lui à jamais, ce regard où l'aimé demeure resplendissant, bondissant, en dépit des années.

Et puis il y a les yeux profonds, paisibles, des sages qui ont abordé au silence ; l'œil de Plotin qui devient ce qu'il contemple ; « le sommeil aux yeux noirs » chanté par Sapho ; l'œil de Maître Eckhart qui, brèche, blessure, devient celui de Dieu ; et l'œil bleu qui, seul, selon Bachelard, saurait refléter le ciel bleu.

Dans l'intensité, dans l'intimité de l'instant, les yeux sont clos pour garder le mystère de la joie. Et pour voir l'invisible ils se ferment ou bien, comme sur les statues orantes de Sumer, ils s'ouvrent démesurément, niant toute ombre, toute paupière. En Égypte, l'œil Oudjat embrasse l'univers : c'est celui d'Horus, le faucon, source d'infinie lumière, surmontant toute chose manifestée. Bien moins mystiques, les Romains représentent Fortuna, la déesse de la Chance, avec les yeux bandés, puisqu'elle semble distribuer ses faveurs au hasard, sans discernement des mérites personnels. Mais tous les peuples inventent amulettes et incantations pour détourner le « mauvais œil », qui émane de toute évidence des hommes, non des dieux.

Aimer quelqu'un, c'est tenir à lui comme à la prunelle de ses yeux : il est la lumière qui vous enchante, qui vous fait vivre. On a tort de dire que l'amour est aveugle, sous prétexte qu'il refuse de voir les défauts, les faiblesses de l'autre. Il est visionnaire, il perçoit la lumineuse beauté qui circule d'âme à âme sous des habits pauvres et fatigués. « Je ne demande plus à apercevoir ton visage », murmure dans la nuit Psyché à son époux qui se cache et qui n'est autre qu'Éros. « Maintenant même les ténèbres de la nuit ne m'empêchent point de voir : je te tiens, toi, ma lumière ! »

Il est enfin un secret du bonheur qui s'allie à la plus haute sagesse. Le cinéaste Mizoguchi l'exprime à sa façon : « Il faut se laver les yeux entre chaque regard. » C'est voir tout être, toute chose comme si on les accueillait pour la première fois, et les regarder comme si on les saluait pour la dernière fois.

Z

Zéphyr

Il ébouriffe le plumage des oiseaux et fait chanter les peupliers, il éparpille les graines et les pollens et caresse la joue des enfants. Son souffle tiède et doux veille sur toute naissance.

C'est lui, Zéphyr en personne, qui emmène Psyché, la jolie mortelle, au palais de l'Amour : il soulève délicatement la jeune fille, l'emporte au sommet d'une montagne, puis la dépose sur un gazon fleuri. Zéphyr est aux ordres de son maître, Éros, il assure le transport entre les humains d'en bas et les dieux lumineux, il favorise l'ascension et amortit les chutes…

Est-il ce vent « de fin silence » qu'Élie, éberlué, reçut sur le mont Horeb ? Le prophète s'attendait à une apparition divine fracassante, mais la puissance de l'Éternel choisit de s'exprimer de tout autre façon, par un murmure, par une absence chantante.

Il passe, joues gonflées, dans les tableaux de Botticelli qui réinventent la venue du Printemps et la naissance de Vénus. Il dispense la vie, l'amour, la beauté et l'espérance. Messager, il est aussi un médiateur. Il enveloppe toutes choses sans jamais se laisser capturer et sans connaître le déclin. On dit qu'il souffle même dans le pays d'au-delà, sur la région bienheureuse que les Grecs nommaient les Champs Élyséens.

Toujours en mouvement et jamais fatigué, il permet toutes les éclosions, tous les parfums, toutes les musiques, sa besace transparente est emplie des prières, des petits rires et des soupirs d'amour émanés des créatures. Il berce et il inspire, il apaise et enchante. Il est en tous temps le bienvenu, signe que l'exquise douceur existe, que la grâce est aussi nécessaire que le pain.

Décembre 2001

Abrégé du bonheur

Amitié....................... 13
Amour 18
Anges........................ 21
Arbre 22
Attentes 23

Bain 27
Baisers....................... 29
Barque 31
Beauté....................... 34

Champagne 35
Chanter 36
Chat 37
Cochon..................... 40
Commencer.............. 41
Contemplation 43
Conversation 45
Corps........................ 49

Danse 51
Désir......................... 53
Dieu 54
Dormir 55

Écrire........................ 61
Émerveillement......... 64
Enfance..................... 67
Étoiles....................... 68

Festin........................ 69
Feu 71
Fleurs........................ 73

Gâteaux 74
Gestes 77
Gratitude.................. 80
Gratuité.................... 81

Hamac...................... 83

Île 84

Imaginaire.................. 85

Jardin.......................... 87
Jeu 89
Jeunesse 90

Légèreté 91
Liberté 93
Livres 95
Loisir 96
Luciole........................ 99
Lumière 100

Maison.................... 102
Marcher 105
Mots 107
Musique.................. 111
Mystère................... 111

Neige 112
Nounours 113
Nuit........................ 117

Oiseaux................... 118
Ombre..................... 119
Oranger 121

Paix........................ 123
Paradis 126
Passion 129
Plage...................... 130
Porte-bonheur......... 133

Rencontre 136
Rêver 138
Rire........................ 138
Rose....................... 140
Rosée 141
Rouge 143

Saisons 145
Secret..................... 148
Sens 148
Silence 150
Soleil...................... 152

Toujours................. 154

Unique 156
Unité 156

Vie......................... 157
Vin 159
Voyage................... 162

Yeux 164

Zéphyr................... 167

DU MÊME AUTEUR

Aux Éditions Albin Michel

Marie Madeleine, un amour infini
Les Nuits de Schéhérazade
Les Reines noires. Didon, Salomé et la reine de Saba
Divine blessure
L'Esprit de solitude
Du sommeil et autres joies déraisonnables
Le Livre des louanges

Aux Éditions Présence Image et Son

Éloge des larmes et du printemps (livre et DVD)

Aux Éditions Robert Laffont

Aimer d'amitié
L'Éternel Masculin. Traité de chevalerie à l'usage des hommes d'aujourd'hui

Aux Éditions de la Table ronde

Le Secret (épuisé)
Offrande à Marie Madeleine
Le Désir ou la Brûlure du cœur
Lettre d'une Amoureuse à l'adresse du Pape

Aux Éditions du Seuil

La Déesse nue. Contes de la belle au bain

Aux Éditions Anne Carrière

Propositions d'amour
Les Femmes éternelles : Antigone, Dulcinée, Nausicaa, Mélusine...

Aux Éditions des Presses de la Renaissance

La Faim de l'âme. Une approche spirituelle de l'anorexie
Mélusine ou le jardin secret

Aux Éditions du Relié

Les Sept Visages de Marie Madeleine
Les Femmes de la Bible

Aux Éditions de la Renaissance du Livre

Marie Madeleine ou la Beauté de Dieu (livre d'art)
L'Esprit de solitude et les Peintres (livre d'art)
La Nuit (livre d'art)

Ouvrages collectifs (sélection)

Les Nuages et leur symbolique (direction et collaboration), Albin Michel
Histoire de la passion amoureuse, Oxus

« Espaces libres »
au format de poche

DERNIERS TITRES PARUS

140. *Les Fleurs de soleil*, de S. WIESENTHAL.
141. *Khalil Gibran*, de J.-P. DAHDAH.
142. *Ces ondes qui tuent, ces ondes qui soignent*, de J.-P. LENTIN.
143. *Les Dix Commandements intérieurs*, d'Y. AMAR.
144. *Guérir l'esprit*, collectif avec J.-Y. LELOUP, F. SKALI, Lama D. TEUNDROUP.
145. *La Quête du sens*, ouvrage collectif.
146. *La Foi ou la nostalgie de l'admirable*, de B. VERGELY.
147. *Traversée en solitaire*, de M.-M. DAVY.
148. *Éloge de la fragilité*, de G. RINGLET.
149. *L'Échelle des anges*, d'A. JODOROWSKY.
150. *Petite grammaire de l'érotisme divin*, d'O. VALLET.
151. *La Troisième Voie*, de D.E. HARDING.
152. *Le Rire du tigre*, de M. DE SMEDT.
153. *L'Effort et la Grâce*, d'Y. AMAR.
154. *Appel à l'amour*, d'A. DE MELLO.
155. *L'Homme intérieur et ses métamorphoses*, de M.-M. DAVY.
156. *Dictionnaire de la symbolique des rêves*, de G. ROMEY.
157. *Le Christianisme en accusation*, de R. RÉMOND et M. LEBOUCHER.
158. *Entre désir et renoncement*, M. de SOLEMNE avec J. KRISTEVA, R. MISRAHI, S. GERMAIN et DAGPO RIMPOCHE.
159. *Sadhana, un chemin vers Dieu*, d'A. DE MELLO.
160. *L'Amour comme un défi*, de S. ROUGIER.
161. *Du bon usage de la vie*, de B. BESRET.
162. *La Grâce de solitude*, M. de SOLEMNE avec C. BOBIN, J.-M. BESNIER, J.-Y. LELOUP et Th. MONOD.
163. *Le Meneur de lune*, de J. BOUSQUET.
164. *Vivre l'islam*, du Cheikh K. BENTOUNÈS.
165. *Méditation et psychothérapie*, ouvrage collectif.
166. *Les Échos du silence*, de S. GERMAIN.
167. *Aimer désespérément*, M. de SOLEMNE avec A. COMTE-SPONVILLE, É. KLEIN, J.-Y. LELOUP.

168. *Entre sagesse et passions*, ouvrage collectif dir. par Alain HOUZIAUX.
169. *Écologie et spiritualité*, ouvrage collectif.
170. *L'Évangile des païens, une lecture laïque de l'évangile de Luc*, d'O. VALLET.
171. *Simone Weil, le grand passage*, dir. par F. L'YVONNET.
172. *Histoires d'humour et de sagesse*, d'A. de MELLO.
173. *L'Avenir de l'homéopathie*, de C. BOIRON.
174. *Qu'Allah bénisse la France*, d'ABD AL-MALIK.
175. *Soigner son âme*, de J. VIGNE.
176. *La Sagesse des contes*, d'A. JODOROWSKY.
177. *Innocence et culpabilité*, de M. de SOLEMNE, avec P. RICŒUR, S. ROUGIER, Ph. NAQUET et J.-Y LELOUP.
178. *Petite méthode pour interpréter soi-même ses rêves*, d'H. RENARD.
179. *Cheminer, contempler*, de M. JOURDAN et J. VIGNE.
180. *Le Visage du vent d'est*, de K. WHITE.
181. *Petit lexique des mots essentiels*, d'O. VALLET.
182. *Lettres sur la méditation*, de L. FREEMAN.
183. *Dix questions simples sur Dieu et la religion*, d'A. HOUZIAUX.
184. *Dix questions simples sur la vie*, d'A. HOUZIAUX.
185. *Les Nouveaux Penseurs de l'islam*, de R. BENZINE.
186. *Au dernier survivant*, de D. FARHI.
187. *Schizophrénie culturelle*, de D. SHAYEGAN.
188. *Apprendre à être heureux*, d'A. HOUZIAUX.
189. *Inventaire vagabond du bonheur*, de J. KELEN.

Composition Nord Compo
Impression Bussière, février 2008
Éditions Albin Michel
22, rue Huyghens, 75014 Paris
www.albin-michel.fr
ISBN 978-2-226-18279-1
ISSN 1147-3762
N° d'édition : 25821. – N° d'impression : 080273/1.
Dépôt légal : mars 2008.
Imprimé en France.